权威·前沿·原创

皮书系列为
"十二五""十三五""十四五"时期国家重点出版物出版专项规划项目

BLUE BOOK

智 库 成 果 出 版 与 传 播 平 台

中国劳动和社会保障科学研究院

薪酬蓝皮书
BLUE BOOK OF REMUNERATION

中国薪酬发展报告
（2024）

ANNUAL REPORT ON CHINA REMUNERATION DEVELOPMENT
(2024)

主 编／刘 军 王 霞

社会科学文献出版社
SOCIAL SCIENCES ACADEMIC PRESS（CHINA）

图书在版编目(CIP)数据

中国薪酬发展报告. 2024 / 刘军，王霞主编.
北京：社会科学文献出版社，2024.10. -- （薪酬蓝皮
书）. -- ISBN 978-7-5228-4280-6

Ⅰ. F249.24

中国国家版本馆 CIP 数据核字第 2024WN8743 号

薪酬蓝皮书

中国薪酬发展报告（2024）

主　　编 / 刘　军　王　霞

出 版 人 / 冀祥德
组稿编辑 / 恽　薇
责任编辑 / 田　康　李真巧
责任印制 / 王京美

出　　版 / 社会科学文献出版社·经济与管理分社（010）59367226
　　　　　地址：北京市北三环中路甲 29 号院华龙大厦　邮编：100029
　　　　　网址：www.ssap.com.cn
发　　行 / 社会科学文献出版社（010）59367028
印　　装 / 天津千鹤文化传播有限公司

规　　格 / 开本：787mm×1092mm　1/16
　　　　　印张：16.25　字数：241 千字
版　　次 / 2024 年 10 月第 1 版　2024 年 10 月第 1 次印刷
书　　号 / ISBN 978-7-5228-4280-6
定　　价 / 198.00 元

读者服务电话：4008918866

编撰单位简介

中国劳动和社会保障科学研究院（简称"劳科院"）是人力资源和社会保障部直属科研事业单位，是中国劳动和社会保障科研领域专业研究机构，主要承担就业创业、社会保障、劳动关系、工资收入分配等理论、政策及应用研究。

伴随改革开放和现代化建设进程，劳科院创造性地开展理论探索和政策研究，取得一系列具有较大影响的科研成果，对国家劳动和社会保障民生领域重大改革与科学决策发挥了支撑作用，得到了党和国家领导人及历任部领导的肯定。多位知名专家学者和高级领导干部曾先后在院所工作，有1名全国政协委员、2名文化名家暨"四个一批"人才、1名"新世纪百千万人才工程"国家级人选、15名享受国务院政府特殊津贴专家。其中，1人荣获全国先进工作者称号，1人获得孙冶方经济学奖，2人先后三次为中共中央政治局集体学习进行讲解。

多年来，劳科院共承担国家社科基金项目等国家级课题40余项、部级课题300余项，基本科研经费课题700余项，社会横向课题2000余项。为积极就业政策制定、国家社会保障体系建立、中国特色和谐劳动关系构建、工资收入分配制度改革以及劳动和社会保障法治体系完善提供支持。编辑出版《中国劳动》学术杂志，出版《中国就业发展报告》《中国薪酬发展报告》《中国人力资源服务产业发展报告》《中国人工智能人才发展报告》《中国家政服务业发展报告》等系列蓝皮书。

劳科院承担工资收入分配政策研究职责，为收入分配重大改革和政策法规制定贡献力量。为各级政府、有关部门、工会组织提供政策咨询；为企事业单位劳动人事制度改革提供智力支持；全面深入参与全国企业薪酬调查、高校科研机构薪酬调查等基础性工作。

劳科院是我国在国际劳动和社会保障学术交流与科研合作领域的重要组织与牵头单位，与国际劳工组织研究司连续举办 11 届"中国劳动世界的未来"，与日本、韩国劳动研究机构连续举办 21 届"东北亚劳动论坛"等国际研讨会；牵头成立金砖国家劳动研究机构网络；是国际社会保障协会（ISSA）就业和失业保险政策技术委员会副主席单位。

劳科院注重人社大数据和政策仿真研发应用，研发形成具有自主知识产权的模型算法平台和多源异构数据汇聚标准化处理技术，构建了基于大数据的劳动力需求平台和分群体的精准就业服务平台，形成了人口和劳动力供需、基于大数据的劳动关系预警预测和薪酬信息服务、养老保险基金预警与预测等面向各业务板块的数据处理和模拟分析系统。

新时代新征程，劳科院坚持以习近平新时代中国特色社会主义思想为指导，把政治建设摆在首位，坚持科研工作正确政治方向，心怀"国之大者"，坚持把握大局、服务中心、求真务实、力出精品的办院方针，以高端智库建设为目标，围绕劳动就业、收入分配、民生保障等重大理论和政策问题加强研究，努力为人力资源和社会保障事业高质量发展做出新的更大的贡献。

主编简介

刘 军 中国劳动和社会保障科学研究院副院长,二级研究员,毕业于中国人民大学,获法学博士学位。长期从事劳动保障政策科研工作,主要研究领域为人口与劳动经济、劳动就业与职业培训、劳动关系与收入分配、性别平等与女性发展等。主持或参与多项劳动保障领域重要课题(项目)研究工作,一些研究成果直接转化为政策,发挥政策决策支持作用。2009年被中国就业促进会授予"中国就业改革发展30年作出重要贡献的就业工作者"荣誉称号。2020年获国务院政府特殊津贴。

王 霞 中国劳动和社会保障科学研究院工资收入调控研究室主任,研究员;中华全国总工会理论和劳动关系智库专家、权益保障部兼职副部长,国家协调劳动关系三方机制专家委员会委员,国际劳工组织访问学者,日本政策研究大学院大学访问学者。主要从事工资分配、劳动关系领域的政策研究工作。主持或参与各级政府、各类企事业单位、工会、国际劳工组织、世界银行委托的科研项目百余项,发表成果近百万字。编辑出版专著译著8部。独著的《工资集体协商与利益共享机制》被多家海外图书馆和研究机构作为馆藏。研究成果多次获得中央领导、部级领导批示和省部级优秀调研成果奖励。

序　言

　　刚刚召开的党的二十届三中全会审议通过了《中共中央关于进一步全面深化改革　推进中国式现代化的决定》，明确提出必须自觉把改革摆在更加突出的位置，紧紧围绕推进中国式现代化进一步全面深化改革。全会强调，进一步全面深化改革，必须坚持以经济体制改革为牵引，以促进社会公平正义、增进人民福祉为出发点和落脚点，更加注重系统集成，更加注重突出重点，更加注重改革实效，推动生产关系和生产力、上层建筑和经济基础、国家治理和社会发展更好相适应，为中国式现代化提供强大动力和制度保障。全会对进一步全面深化改革做出系统部署，强调构建高水平社会主义市场经济体制，健全推进经济高质量发展体制机制，构建支持全面创新体制机制，健全宏观经济治理体系，完善城乡融合发展体制机制，完善高水平对外开放体制机制，健全保障和改善民生制度体系。全会指出，高水平社会主义市场经济体制是中国式现代化的重要保障，高质量发展是全面建设社会主义现代化国家的首要任务，教育、科技、人才是中国式现代化的基础性、战略性支撑，科学的宏观调控、有效的政府治理是发挥社会主义市场经济体制优势的内在要求，城乡融合发展是中国式现代化的必然要求，在发展中保障和改善民生是中国式现代化的重要任务。

　　党的二十届三中全会及全会通过的决定，是我国改革开放的新的重要里程碑，体现了对社会主义的本质要求和新时代社会主义市场经济发展规律的深刻洞察，彰显了人民至上、民生至上、发展至上的发展理念，突出了党的领导、全面深入、系统集成的改革特质，开启了我国改革发展的新篇章，将

为中国式现代化提供强大动力和制度保障、开辟广阔光明前景。

认真学习领会党的二十届三中全会精神，我们不难发现，收入分配改革在进一步全面深化改革、建设高水平社会主义市场经济体制、促进高质量发展、推进中国式现代化中具有举足轻重的关键地位和作用。这不仅体现在全会强调要"激发和增强社会活力""增进人民福祉""健全保障和改善民生制度体系""加强普惠性、基础性、兜底性民生建设""构建初次分配、再分配、第三次分配协调配套的制度体系，提高居民收入在国民收入分配中的比重，提高劳动报酬在初次分配中的比重""完善收入分配制度""完善劳动者工资决定、合理增长、支付保障机制""规范收入分配秩序，规范财富积累机制，多渠道增加城乡居民财产性收入，形成有效增加低收入群体收入、稳步扩大中等收入群体规模、合理调节过高收入的制度体系""实行劳动性所得统一征税"等与收入分配直接相关的明确要求上，而且体现在对全面深化改革的总体部署上。收入分配改革不仅是系统集成改革的重要组成部分，同时也是供给侧结构性改革与需求侧管理的衔接点、经济改革与社会建设的连接点、生产与消费的媒介点、劳动与其他各类生产要素分配的平衡点。要完成党的二十届三中全会部署的全面深化改革各项战略任务，收入分配改革必须发挥好重要支撑、耦合、转化、联动效能。对于新时期进一步全面深化改革，收入分配改革是一个重要的抓手和钥匙，不但不能缺位，而且必须也必然担当重任。做好新时期收入分配工作，有效推进收入分配改革，意义重大，使命光荣。

收入分配在人们日常生活中是一个日用而不觉的现象。我们每个人、每时每刻都接触着收入分配问题，但很少有人、很少有时间去深究什么是收入分配以及收入分配对我们的生活、对社会的发展有什么影响。收入分配作为一门学科，可谓古老而又年轻。说它古老，是因为早在两千多年前，就有关于收入分配与发展问题的专门论述，在资本主义发展早期阶段，收入分配问题更是经济学研究的一个重心所在。说它年轻，是因为收入分配具有经济学、社会学、政治学等多重学科属性，收入分配的决定、影响和制约因素复杂而多样，到今天，很多问题的研究还没有破题，不少问题还悬而未决。在我国，近年来收入分配问题研究和学科建设取得了不小的进展和成果，但总体上看，中国特色社会主义收入分配理论体系和学科建设还刚刚起步，收入分配理论与实践研究还很薄弱，未来还有很多工作要做、很远的路要走。

习近平总书记高度重视收入分配问题和收入分配工作，自党的十八大以来，针对共享发展、共同富裕、共同体建设等问题提出了许多重要观点，做出了许多重要论述，从理念、理论、战略、政策等层面回答了新时期收入分配一系列重大理论和实践问题，形成了系统科学的思想体系。这些是马克思主义收入分配理论中国化时代化的最新成果，是新时代中国特色社会主义思想的重要内容，是新时期收入分配改革发展的行动指南和根本遵循，也是指导新时期中国特色社会主义收入分配理论研究与学科建设的强大思想武器。

《中国薪酬发展报告（2024）》坚持以习近平新时代中国特色社会主义思想为指导，贯彻习近平总书记关于共享发展、共同富裕和收入分配问题的重要论述，结合当前我国收入分配工作实际，重点聚焦收入分配发展变化趋势、工资收入分配现状与问题、低工资群体收入分配情况及最低工资制度方面的内容，展示了理论与政策研究的新成果。工资收入分配是初次分配的重要内容，在整个收入分配体系中具有基础性、根本性、本源性特征和地位作用，也是实现劳动者乃至全体人民共享发展、共同富裕的关键所在。在新的历史条件下，实现高质量发展，在收入分配方面有赖于初次分配、再分配、第三次分配协同发力，但首要的是深化工资收入分配制度改革、完善初次分配制度体系，找准劳动和资本分配的平衡点、共享发展的均衡点，实现劳有所得、得其所值，多劳多得、优劳优得，让劳动报酬充分体现劳动创造的价值和劳动者对社会发展成果的合理分享。从这个意义上说，本报告聚焦初次分配特别是劳动工资分配领域开展研究，是有积极意义的。本报告主要收录了中国劳动和社会保障科学研究院与兄弟研究单位、地方人社部门相关专家的研究成果，多维度展现了我国收入分配的现状。受研究基础和研究力量所限，现有的研究还存在一些问题和不足。

近年来，数字经济快速蓬勃发展，为了解掌握数字经济领域企业从业人员工资状况，我们采取抽样调查的方式对部分数字产业和数字职业劳动者工

资情况开展了调查，并首次公开发布，旨在为相关企业合理确定数字人才工资水平提供参考。

今后，我们将深化对习近平新时代中国特色社会主义思想的学习，加强收入分配理论和政策问题研究，加强对地方实践探索和实际问题的调查研究，加强对国外好的做法和经验的学习借鉴。我们也期待有更多的来自经济学、社会学、政治学以及其他相关学科的专家学者投身我国收入分配问题研究行列，为实践工作部门和微观分配主体提供有益参考，为中国特色社会主义收入分配学科建设添砖加瓦、贡献智慧。

最后，真诚感谢本书各位作者的创造性工作，感谢社会科学文献出版社多年来的大力支持和编审同志的辛勤劳动。

2024 年 7 月

摘　要

　　《中国薪酬发展报告（2024）》主要汇集了近年来中国劳动和社会保障科学研究院工资收入分配研究团队及与合作单位共同完成的优秀研究成果。这些研究成果紧扣推进中国式现代化与共同富裕时代主题，对我国工资收入分配领域，特别是企事业单位工资收入分配和新就业形态劳动者劳动报酬的现状和政策进行了系统总结分析，提出了具有针对性与可行性的政策建议。全书由总报告和四个专题篇组成，共15篇报告。

　　总报告指出，"十四五"以来，我国收入分配格局稳步改善，居民收入保持较快增长，收入分配差距总体呈缩小态势。但依然存在劳动报酬占比下降、农村居民财产性收入较低、城乡居民可支配收入增速波动下降、局部收入差距居高不下等问题。因此，应当重点从促进高质量充分就业、促进工薪劳动者劳动报酬持续稳定增长、实施农村农业人口增收计划、多渠道增加居民家庭收入、加快社会保障和公共医疗卫生体系建设、促进困难群体共享发展成果等方面综合施策、系统发力。

　　政策篇强调，应当健全最低工资标准评估机制，完善最低工资标准的调整和评估细则、提升地方评估效能、统筹发挥多方数据作用以及强化小时最低工资标准效应评估；推动国有企业完善工效联动机制、健全工效联动指标体系、优化工资总额单列管理、加强工资分配宏观指导和监督管理；进一步提高劳动者报酬份额，适度降低生产税与个人所得税税率，促进初次分配与再分配叠加发力，并充分发挥市场与政府在收入分配中的作用。同时，针对传统行业中"灰色时间"的认定问题、特殊行业中"约定加班"的效力问题，以及新形势下"线上加班"的统计问题，从工作时间认定、加班工资

核算等方面提出审理思路和处理建议。

区域篇，评估了吉林省最低工资标准调整状况，分析了上海市民营企业的用工结构与薪酬水平，并报告了山东省农民工工资支付保障工作情况。数据分析表明，吉林省最低工资标准调整有效推动了劳动密集型行业劳动者薪资调增，且通过传导机制助力部分劳动者薪酬水平提升，同时最低工资标准调整对吉林省企业成本的影响总体可控。上海市民营企业用工规模持续扩大、员工素质快速提升、就业质量明显改善，但仍然存在薪酬水平偏低、招工难留人难、专业技术人员短缺等发展瓶颈。作为农民工大省，山东省高度重视农民工工资支付保障。通过建立分工协作的议事协调机制、多管齐下的源头治理机制、上下协同的多元共治机制等"六大机制"，在工作满意度、工资支付情况和监控预警平台等方面取得积极成效。

行业/群体篇，实证分析了四川省现代装备制造业的人力资源支撑。研究发现，本科及以上学历劳动者占比较小，劳动者技能支撑不足，不同行业的人力资源支撑力存在差异且变化明显；同时，44.4%的行业薪酬吸引力较弱，仪器仪表制造业与金属制品、机械和设备修理业的人工成本相对较大。总体而言，各行业的科创能力有待提升。结合新疆事业单位工资制度改革实际，从绩效工资总量核定机制不断完善的过程入手，以解决改革中各类问题为基础，论证核定机制的必要性、可行性、合理性。选取典型企业平台代表，对新零工薪酬支付方式进行了对比分析，并进一步按照薪酬支付是否依托平台，对新零工经济进行了再分类。

国际篇，解读了近年来国际工资收入差距的影响因素，归纳分析了缩小工资收入差距的国际实践；梳理了日本最低工资制度的发展历程、现行制度运行的组织管理体制，并分析了日本最低工资标准的变动特征；总结了《美墨加协定》中劳动价值含量条款的内涵与特点，分析了劳动价值含量条款在北美的执行情况与影响以及对我国汽车行业的影响；展示了部分国家上市公司高管薪酬与社平工资差距，以及行业工资差距。其中总结的经验、归纳的实践和提供的数据能够为后续相关研究提供参考和借鉴。

此外，本书还在附录中，首次向社会发布了基于企业薪酬调查形成的部分数字核心产业及数字职业企业从业人员工资价位信息。

关键词： 工资收入分配　最低工资　收入差距　新零工经济　高管薪酬

目 录 ᗺ

I 总报告

II 政策篇

III 区域篇

皮书数据库阅读**使用指南**

总 报 告

B.1
"十四五"以来收入分配趋势分析与政策建议

王 宏 王 霞 张学升*

摘 要: "十四五"以来,我国收入分配制度改革稳步推进,有效市场和有为政府在收入分配领域更好结合,居民收入保持较快增长,收入分配差距总体呈缩小态势。但是,我国收入分配领域依然存在劳动报酬占比下降、农村居民财产性收入较低、城乡居民可支配收入增速波动下降、局部收入差距居高不下等问题。当前,立足新阶段,需将居民收入增长纳入经济社会发展目标,不断提高居民收入占国民收入分配的比重以及劳动报酬占初次分配的比重。重点从促进高质量充分就业、促进工薪劳动者劳动报酬持续稳定增长、实施农村农业人口增收计划、多渠道增加居民家庭收入、加快社会保障和公共医疗卫生体系建设、促进困难群体共享发展成果等方面综合施策、系

---

* 王宏,中国劳动和社会保障科学研究院研究员,主要研究领域为工资收入分配政策、国民收入分配、劳动关系等;王霞,中国劳动和社会保障科学研究院工资收入调控研究室主任、研究员,主要研究领域为工资分配、劳动关系;张学升,中国劳动和社会保障科学研究院助理研究员,主要研究领域为收入分配与财政理论。

统发力，进一步健全中国特色社会主义收入分配制度。

关键词： 收入分配 工资收入 初次分配 分配制度改革

合理的收入分配制度是实现共同富裕的重要基础，是社会公平正义的重要体现，也是巩固党的执政基础的重要保障。完善收入分配制度，有助于不断满足广大人民群众对美好生活的向往和追求，真正体现以人民为中心的发展思想，对夯实党的执政基础、巩固党的执政地位有重要作用。当前，我国正处于向第二个百年奋斗目标迈进、全面建成社会主义现代化强国的历史时期，需要更加重视收入分配在经济社会发展中的突出地位和在实现共同富裕伟大征程中的重要作用。

一 收入分配格局稳步改善

"十四五"以来，在以人民为中心的发展思想的指引下，市场机制在工资收入分配领域的决定性作用进一步体现，政府作用得到更好发挥，居民收入保持较快增长，收入分配差距总体呈缩小态势。

（一）居民可支配收入持续增长

如图1所示，2021年居民人均可支配收入为35128元，2022年增长为36883元，2023年增长到39218元，居民人均可支配收入保持增长。从增速来看，2021年名义增速最高，为9.1%，2022年降为5.0%，2023年小幅反弹至6.3%，三年来居民人均可支配收入增速有所放缓。其中，城镇居民人均可支配收入2021年为47412元，2023年增长为51821元，名义增幅为9.3%；农村居民人均可支配收入2021年为18931元，2023年增长为21691元，名义增幅为14.6%。城乡居民人均可支配收入实现了稳步增长，且农村居民人均可支配收入增速快于城镇居民。

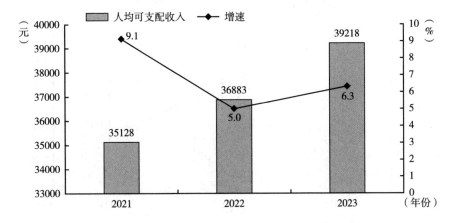

图1　2021~2023年居民人均可支配收入及其增速

数据来源：对应年份《中国统计年鉴》。

（二）居民收入差距呈现缩小趋势

根据《中国统计年鉴》数据，居民收入的基尼系数总体保持稳定，2020~2022年分别为0.468、0.466和0.467，变化不大。

城乡居民可支配收入差距稳步缩小。2021年城镇居民人均可支配收入相当于农村居民的2.50倍，2022年下降为2.45倍，2023年进一步降为2.39倍（如图2所示）。城乡居民可支配收入差距的缩小源于农村居民可支配收入相对较快增长。2021~2023年，农村居民人均可支配收入的年均名义增速为7.0%；同期城镇居民人均可支配收入增速为4.6%，较农村居民低2.5个百分点。特别是在城乡居民收入差距比较小的浙江省，2020~2022年城乡居民人均可支配收入比分别为1.96、1.94和1.90。

（三）工资性收入与财产净收入稳步增长

一是居民人均工资性收入保持较快增长，农村快于城镇。2021~2023年，我国居民工资性收入在可支配收入中的比重均保持在50%以上，且呈现上升趋势。2021年工资性收入占比为55.9%，2023年提高到56.2%。

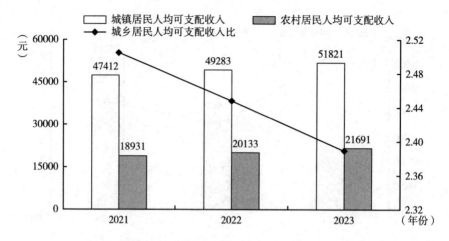

图2 2021~2023年城乡居民人均可支配收入及其差距

数据来源：对应年份《中国统计年鉴》。

从水平来看，2023年居民人均工资性收入由2021年的19629元增长至22053元（如图3所示），年均名义增速达到6.0%，较同期居民人均可支配收入增速快0.3个百分点，工资性收入的快速增长有力拉动了居民收入的增长。

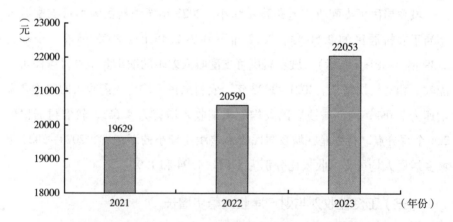

图3 2021~2023年居民人均工资性收入

数据来源：对应年份《中国统计年鉴》。

根据《中国统计年鉴》数据，分城乡来看，2023 年城镇、农村居民人均工资性收入分别由 2021 年的 28481 元、7958 元增长至 31321 元、9163元，年均名义增速分别为 4.9%、7.3%，农村快于城镇 2.4 个百分点。2021年城镇居民人均工资性收入相当于农村居民的 3.58 倍，2023 年这一高低倍数降到 3.42 倍。

二是居民人均财产净收入稳步增长，城乡居民财产净收入差距不断缩小。2021~2023 年，财产净收入占居民可支配收入的比重不到 9%，且呈现小幅下降趋势。2023 年我国居民人均财产净收入由 2021 年的 3076 元增长至 3362 元（如图 4 所示），年均名义增速为 4.5%，低于同期居民人均可支配收入增速。

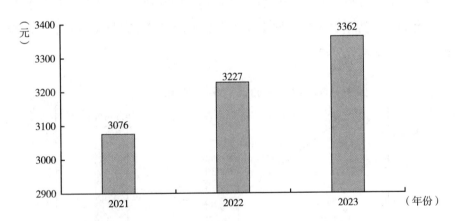

图 4　2021~2023 年居民人均财产净收入

数据来源：对应年份《中国统计年鉴》。

根据《中国统计年鉴》数据，分城乡来看，城乡居民人均财产净收入稳步增长，2023 年城镇与农村居民人均财产净收入分别由 2021 年的 5052元、469 元增长至 5392 元、540 元，年均名义增速分别为 3.3% 与 7.3%，农村快于城镇 4.0 个百分点。2021 年城镇居民人均财产净收入相当于农村居民的 10.77 倍，2023 年这一倍数降至 9.99 倍。

（四）"两个同步"扎实推进

居民人均可支配收入与经济增速基本同步。2021～2023 年，我国居民人均可支配收入年均名义增速为 5.7%，同期人均国内生产总值年均名义增速为 4.7%，基本实现居民收入增长与经济增长同步。

城镇就业人员平均工资实现较快增长，与劳动生产率的增长保持同步。2021～2023 年，我国城镇就业人员平均工资总体呈现稳步上涨趋势（如图 5 所示），扣除价格因素后的实际增幅达到 9.2%，年均实际增速为 4.5%[①]。同期全员劳动生产率[②]实际增幅为 9.3%，年均实际增速为 4.5%，城镇就业人员平均工资年均增速与全员劳动生产率年均增速非常接近。其中，2022 年城镇就业人员平均工资实际增速比同期全员劳动生产率慢 1.1 个百分点，2023 年疫情防控平稳转段，城镇就业人员平均工资出现恢复性增长，较全员劳动生产率增长更快。

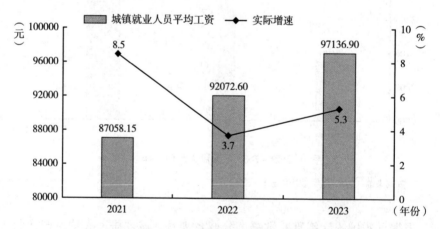

图 5　2021～2023 年城镇就业人员平均工资及其实际增速

数据来源：对应年份《中国统计年鉴》。

---

① 用以 1978 年为基期的居民消费价格指数进行价格因素扣除，并按照 55% 与 45% 的城镇非私营单位就业人员比例与城镇私营单位就业人员比例进行推算。

② 劳动生产率为 GDP（1978 年不变价）与全部就业人员的比值。

（五）各行业各类型工资均有稳定提高

从工资排名来看（详见表1），2021年城镇非私营单位平均工资最高的三个行业从高到低依次为"信息传输、计算机服务和软件业""科学研究、技术服务和地质勘查业""金融业"，到2023年变为"信息传输、计算机服务和软件业""金融业""科学研究、技术服务和地质勘查业"；2021年平均工资最低的三个行业从低到高依次为"住宿和餐饮业""农、林、牧、渔业""居民服务和其他服务业"，到2023年变为"住宿和餐饮业""农、林、牧、渔业""水利、环境和公共设施管理业"。需要指出的是，2021年"农、林、牧、渔业"就业人员平均工资首次超过"住宿和餐饮业"，不再是平均工资最低行业。

表1　城镇非私营单位平均工资及其增速最高最低的行业

项目	2021年	2022年	2023年	项目	2021~2013年
工资最高的三个行业	信息传输、计算机服务和软件业	信息传输、计算机服务和软件业	信息传输、计算机服务和软件业	工资年均增速最快的三个行业	金融业
	科学研究、技术服务和地质勘查业	金融业	金融业		采矿业
	金融业	科学研究、技术服务和地质勘查业	科学研究、技术服务和地质勘查业		信息传输、计算机服务和软件业
工资最低的三个行业	居民服务和其他服务业	居民服务和其他服务业	水利、环境和公共设施管理业	工资年均增速最慢的三个行业	公共管理和社会组织
	农、林、牧、渔业	农、林、牧、渔业	农、林、牧、渔业		房地产业
	住宿和餐饮业	住宿和餐饮业	住宿和餐饮业		水利、环境和公共设施管理业

注：根据《中国统计年鉴》中数据整理。

从增速排名来看，2021~2023年城镇非私营单位平均工资增速最高的三个行业分别为"金融业""采矿业""信息传输、计算机服务和软件业"，

薪酬蓝皮书

增速最低的三个行业分别为"水利、环境和公共设施管理业""房地产业""公共管理和社会组织"。

2021~2023 年制造业就业人员平均工资位次维持稳定，均排在第 13 位，其平均工资相当于最高工资行业平均工资的 45% 左右。同时，2020~2023 年制造业就业人员平均工资增速相对较快，年均增速为 7.9%，在全部行业中排名第六位（如表 2 所示）。

表 2　城镇非私营单位分行业就业人员年平均工资

单位：元，%

行业	2020 年	2021 年	2022 年	2023 年	2020~2023 年平均增速
农、林、牧、渔业	48540	53819	58976	62952	9.1
采矿业	96674	108467	121522	135025	11.8
制造业	82783	92459	97528	103932	7.9
电力、燃气及水的生产和供应业	116728	125332	132964	143594	7.1
建筑业	69986	75762	78295	85804	7.0
交通运输、仓储和邮政业	100642	109851	115345	122705	6.8
信息传输、计算机服务和软件业	177544	201506	220418	231810	9.3
批发和零售业	96521	107735	115408	124362	8.8
住宿和餐饮业	48833	53631	53995	58094	6.0
金融业	133390	150843	174341	197663	14.0
房地产业	83807	91143	90346	91932	3.1
租赁和商务服务业	92924	102537	106500	109264	5.5
科学研究、技术服务和地质勘查业	139851	151776	163486	171447	7.0
水利、环境和公共设施管理业	63914	65802	68256	68656	2.4
居民服务和其他服务业	60722	65193	65478	68919	4.3
教育	106474	111392	120422	124067	5.2
卫生、社会保障和社会福利业	115449	126828	135222	143818	7.6
文化、体育和娱乐业	112081	117329	121151	127334	4.3
公共管理和社会组织	104487	111361	117440	117108	3.9

数据来源：对应年份《中国统计年鉴》。

此外，分单位类型来看，城镇非私营单位与私营单位工资水平均有稳步增长。2020~2023年，城镇非私营单位就业人员平均工资年均名义增速为7.4%，同期城镇私营单位就业人员平均工资年均名义增速为5.8%。

（六）职业间工资差距总体减小

"十四五"以来，我国不同职业的工资总体均呈现上升趋势，职业间工资差距倍数由升转降。

总体上，2020~2023年，规模以上企业各职业就业人员年平均工资均实现了较快增长。如表3所示，增速最快的为专业技术人员，年均名义增速高达7.8%；增速最慢的为办事人员和有关人员，年均名义增速为6.0%；生产制造劳动者工资虽然始终高于服务业劳动者，但差距有所缩小。

表3 规模以上企业分职业就业人员年平均工资

单位：元，%

年份	中层及以上管理人员	专业技术人员	办事人员和有关人员	社会生产服务和生活服务人员	生产制造及有关人员
2020	164979	112576	75167	61938	62610
2021	180630	125035	82512	68022	68506
2022	189076	133264	85881	70234	71147
2023	198285	140935	89502	75216	75463
2020~2023年平均增速	6.3	7.8	6.0	6.7	6.4

数据来源：对应年份《中国统计年鉴》。

从职业间工资差距来看，2021~2023年平均工资最高的均为中层及以上管理人员，最低的均为社会生产服务和生活服务人员，前者平均工资分别相当于后者的2.66倍、2.69倍、2.64倍，2023年差距较2022年有所减小。

农民工年平均工资也保持了增长趋势。根据农民工监测调查数据，2020年农民工平均工资为48864元，2023年增长至57360元，年均名义增速为5.5%，略低于同期5.8%的城镇私营单位就业人员平均工资年均增速。

二 当前我国收入分配制度存在的突出问题

虽然我国收入分配制度改革取得积极成效，但是收入分配领域依然存在一些问题和挑战，如劳动报酬占比下降、农村居民财产性收入较低、城乡居民可支配收入增速波动下降、局部收入差距居高不下等，反映出收入分配治理的有效性和系统性仍存在不足，一些制度性短板需要补齐。

在初次分配环节，促进市场发挥决定性作用的机制存在短板，政策在处理效率与公平的关系上还有待发力。[①] 工资性报酬分配中虽然树立按劳分配基本原则并将之上升为基本经济制度，但实践中仍然存在分配关系不尽合理、与贡献挂钩不紧密等问题。要素分配领域由于知识、数据、技术、管理等要素市场起步较晚，要素由市场评价贡献、按贡献参与分配机制不健全，远远滞后于发展需要。针对低工资劳动者群体固化的问题，缺少有针对性的政策措施，而且在实践发展中又产生了新的收入分配不公问题，对持续改进分配制度提出新的挑战。如互联网平台凭借其资本、数据、规模和技术优势单方决定、随意调整与平台商户和平台从业者的收入分配规则，造成新的收入分配不公，而多数平台从业者由于尚未被纳入劳动法律法规和制度保障范围，劳动权益无法得到应有的保护。在农村农民收入方面，农民承包土地的流转管理制度尚未落实，流转机制还不健全，仍严重影响农民增收。

在再分配环节，政策手段的调控力度待加大，政策的覆盖范围需扩大。养老、医疗等社会保险制度的一些深层次矛盾没有得到根本解决；税收结构不合理，主要发挥收入调节作用的直接税比重过低；个人所得税基本成为"工薪税"，富裕阶层的投资收益未被纳入征收范围[②]；房产税、遗产税等税种立法缓慢；等等。研究显示，如果我国能将转移支付效率提高至样本国家

[①] 王霞、张学升：《十年来我国城镇单位就业人员工资变动趋势分析》，《中国人力资源社会保障》2023年第3期。

[②] 周克清、吴近平：《新一轮个人所得税改革的目标使命、现实问题与路径选择》，《地方财政研究》2023年第10期。

均值，居民收入基尼系数将下降 0.05。①

在三次分配之间的协调配套方面，当前管理体制不适应实现共同富裕新目标的要求。

当前国内外环境复杂多变，国内虽经济长期向好的基础不变，但要从根本上提振消费，解决中小微企业的经营困难问题尚需时日，特别是当前行业发展恢复不均衡，一些企业经营压力依然较大，加之受一些支持性政策出台不及时与落实不到位、用工不规范等因素影响，推动经济发展和居民增收仍面临较大压力和挑战，短期内部分地区、行业、企业、群体可能还会出现收入波动情况，要予以重点关注。

三 改进收入分配的主要思路与建议

收入分配是民生之源，是改善民生、实现发展成果由人民共享最重要最直接的方式。"十四五"后期和"十五五"期间，收入分配制度改革，特别是初次分配制度改革的主要思路是，将居民收入增长纳入经济社会发展目标，放在经济社会发展的突出位置，强化各级政府促进居民增收的责任，不断提高居民收入占国民收入分配的比重以及劳动报酬占初次分配的比重，实现经济成功转型，提升居民生活品质，促进人的全面发展和社会的全面进步。以低工资群体、农村人口为重点，实施"提低""扩中"政策；健全按劳分配为主体、多种分配方式并存的中国特色社会主义收入分配制度，提高居民财产性收入；以完善制度、提高比重、健全机制、规范秩序为着力点，坚持市场对工资收入分配的决定性作用和更好地发挥政府作用，在促进经济社会发展的同时实现职工工资协调增长、在劳动生产率提高的同时实现劳动报酬协调提高；完善社会保障，改善社会预期，提升消费能力，为经济社会发展创造良好的社会环境，促进共同富裕和经济社

---

① 岳希明、周慧、徐静：《政府对居民转移支付的再分配效率研究》，《经济研究》2021 年第
9 期。

会高质量发展。

改进收入分配的建议主要有以下六个方面。

（一）促进高质量充分就业

一是强化就业优先政策。通过稳增长、稳主体来稳定和扩大就业。完善稳岗返还、专项贷款、就业和社保补贴等政策，加强政策对稳就业的支持，强化政策激励经营主体吸纳就业，加大对就业容量大的行业企业支持力度。

二是多措并举，保障青年等重点群体就业。继续实施促进青年就业专项行动，在加快发展新质生产力、推动传统产业转型和数字经济发展的过程中，开发更多适合青年群体的知识型、管理型、技能型岗位。稳定扩大国有企业招聘，稳定事业单位、基层项目招聘招募，提供多层次、多样化培训见习机会，提供精准、有效的就业服务，引导劳动者进入中小微企业、城乡基层就业，支持自主创业、灵活就业。[①] 推进农民工市民化，促进农民工在城镇稳定就业。加强对返乡创业农民工和就地就近就业农村劳动力的政策支持和服务。

三是支持创业带动就业，促进灵活就业。完善促进创业带动就业的保障制度，升级创业服务，从项目推荐、场地支持、金融服务全方位提供扶持。完善创业担保贷款、创业补贴等支持政策，加大财政投入力度，提供差异化、精细化扶持政策。规范新就业形态的发展，充分挖掘新产业、新业态、新商业模式的创业空间和新型灵活就业的增长点。加强面向灵活就业人员的公共服务，合理布局零工市场的空间位置，创新服务模式，在就业信息服务的基础上增加技能培训、就业指导功能。

四是完善就业帮扶，加强兜底服务。针对资源枯竭型地区特别是乡村振兴重点地区、赣南苏区等革命老区、边境地区，出台更加有力、更有针对性的就业促进政策。加强欠发达地区公共就业服务体系和劳务品牌建设，提供全面、便捷、高效的就业兜底服务，促进脱贫人口和困难群众稳定就业。加强对脱贫家庭、低保家庭、零就业家庭、残疾人等困难群体的兜底帮扶。

---

① 段华、唐少清：《青年就业现状、影响因素及对策研究》，《中国软科学》2024 年第 S1 期。

五是加强职业技能培训，促进人岗适配。健全终身职业技能培训制度，开展未来就业岗位和职业变化分析预测，加强急需紧缺人才培养。完善职业技能提升补贴、以工代训等政策，大力实施技能中国行动，健全终身职业技能培训体系，深入实施制造业技能根基工程、加快数字人才培育支撑数字经济发展行动方案等专项计划，大规模、精准化推动职业技能提升，强化新职业技能培训，增强劳动者应对产业升级、职业变动的能力。完善职业教育体系，突出就业导向，优化高校专业设置，深化产教融合、校企合作，培养与现代化产业体系相适应的紧缺人才和知识型、技能型、创新型劳动者大军。

（二）促进工薪劳动者劳动报酬持续稳定增长

一是促进劳动者工资性收入正常增长。指导各类企业建立健全职工工资与企业效益、劳动生产率联动增长机制，结合自身发展战略，参考劳动力市场工资价位，合理增加职工工资。落实集体协商和民主管理，支持劳动者和工会代表依法与企业协商确定工资，民主参与制定劳动管理、工作时间和工资分配与业绩考核相关制度。加快集体协商和工资支付立法。深入推进国有企业工资决定机制改革，健全与劳动力市场基本适应、与国有企业经济效益和劳动生产率挂钩的工资决定和正常增长机制。落实机关、事业单位基本工资和艰苦边远地区津贴标准正常调整机制，推进公务员工资调整制度化，完善优化科研人员绩效工资稳定增长机制。更好发挥政府宏观指导和信息服务功能，建立健全企业、科研机构、高校等用人单位薪酬调查和信息发布应用制度，引导各类用人单位重点关注一线劳动者的工资增长，合理确定不同群体工资，防止工资差距过大。

二是支持劳动者凭知识、技术、技能要素增收。健全知识、技术、管理、技能等要素由市场按贡献决定报酬机制，全面贯彻落实以增加知识价值、技能价值为导向的收入分配政策。深入落实促进科技成果转化法，提高人才的科技成果转化收益分享比例。进一步发挥财政科研项目资金的激励功能，鼓励优秀人才依法依规适度兼职。鼓励各类用人单位采取协议薪酬、项目薪酬等方式激励高素质优秀人才，依法开展中长期激励，建立健全利润共

享机制，对骨干科研、技术、管理、技能人才实施股权、期权和分红激励，加大科技成果转化形成的股权、岗位分红权等激励力度。完善股权激励等相关税收政策，对符合条件的股票期权、股权期权、限制性股票、股权奖励以及科技成果投资入股等实施递延纳税优惠政策。

三是促进低工资群体工资较快增长。完善最低工资制度，加大最低工资标准对基本生活支出的保障力度。保障农民工工资支付，强化欠薪问题源头治理，加强劳动保障监察，进一步畅通劳动者维权救济途径。完善稳岗扩岗等惠企补贴政策，增大资金支持力度，优化补贴资金用途，企业应将之主要用于保障支付和合理提高劳动报酬，推动"化补为薪"。财政购买园林环卫、绿化养护、保安物业等公共服务时，将企业贯彻执行劳动基准作为基本条件，适当考虑物价和最低工资标准调整情况确定最高限价。

四是保障和支持灵活就业群体、小微创业者获得合理回报。加强灵活就业和新就业形态劳动者权益保障，推动落实新就业形态劳动者休息和报酬等系列指引，将符合条件的新就业群体纳入最低工资保障范围，支持工会或新就业形态劳动者代表与企业平等协商制定劳动报酬规则，确保劳动者在付出劳动后获得合理劳动报酬。推动新就业形态劳动者建会入会，加强集体协商，完善劳动标准，加强平台企业就业监管监测，保障新就业形态劳动者在工作时间、休假时间、工伤认定、劳动争议等方面的基本权益。

五是实施有利于促进劳动者共享社会发展成果的配套政策。引导企业全面落实关于工作时间法律的规定，依法保障职工工时和休息休假权益，全面落实带薪休假制度，鼓励错峰休假、弹性作息。构建更加灵活有效的劳动关系协调机制，营造和谐稳定的用工环境。按照发展新质生产力的要求，进一步完善人才培养、引进、使用、合理流动、评价和激励机制，接续推进事业单位、科研院所有关激励措施改革，大力推动企业自主开展技能人才评价和社会化职业技能等级认定，更好发挥用人单位的主体作用。

（三）实施农村农业人口增收计划

一是全面深化农业农村改革，释放增收潜能。巩固和完善农村基本经营制度，继续坚持农村土地集体所有制，适应城乡人口流动实际情况进一步创新集体所有制的实现形式。进一步深化农村宅基地制度改革，实施农村集体经营性建设用地入市制度，健全土地增值收益分配机制。保障进城落户农民的合法土地权益，鼓励依法自愿有偿转让。全面深化农村集体产权制度改革，推动以折股量化形式让农村集体经济组织成员长期分享资产经营收益。确立新型农村集体经济组织的市场主体地位，建立健全城乡统一的农村产权流转交易市场。加快创新农村经济发展模式，发展乡村特色产业，提高农村集体经济收入。

二是加大政策支持和保障力度，带动农民增收[①]。完善新型农业补贴政策体系。健全种粮农民收益保障机制和主产区利益补偿机制，加大对粮食主产区的财政转移支付和奖补力度。鼓励各地制定人才加入乡村制度与科研人员入乡兼职和离岗创业制度，完善投资入股、技术入股、兼职兼薪等机制，进一步鼓励利用社会资本、人才、技术等要素盘活农村经营性资产，壮大集体经济，拓宽农民增收致富渠道。

三是加大新型职业农民培育和支持力度，增强内生创收能力。制定新型职业农民教育培训发展规划，支持职业学校加强定向培养，加大实施农业农民相关培训项目力度，完善国家助学和培训补贴政策，鼓励农民就地就近接受职业教育培训。建立农产品优质优价正向激励机制，结合乡村振兴战略和产业规划，优化农民工职业技能提升计划，推广以工代赈，加强乡村公益性岗位开发，引导农村劳动力就地就近转移就业，以创业就业和技能提升促进农民增收。

（四）多渠道增加居民家庭收入

一是多渠道增加城乡居民家庭财产性收入。保持资本市场健康稳定发展，优化完善监管规则，全面化解资产管理行业风险，支持优质上市公司再融资，发展以投资者利益为先的财富管理行业，让老百姓通过股票、基金等

---

① 李实：《多措并举促进农民收入增长》，《中国农村经济》2024 年第 1 期。

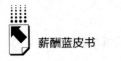
获得合理回报。持续完善上市公司分红制度和投资者权益保护制度，健全上市公司常态化分红机制，继续鼓励和引导上市公司提高投资者回报水平。创新更多满足家庭财富管理需求的金融产品，进一步扩大柜台债券投资品种，加快多层次债券市场发展，便利居民和机构投资者债券投资。健全房屋租赁市场，完善相关税费政策，支持居民合法获得投资收入。

二是鼓励增加经营性收入和智力创造回报。全面落实公平竞争政策制度，持续破除市场准入壁垒，全面构建亲清政商关系，依法保护包括经营收益在内的企业家权益。加快民营经济立法，提振市场主体信心。清除创业壁垒，落实扶持创业政策，优化完善融资支持。全面落实促进研发投入、支持研发设备更新、鼓励创业投资和创业创新以及支持小微企业、个体工商户发展的各项税收优惠。鼓励龙头企业与小微创业者建立分享创业成果新模式。支持自由职业者的智力创造和高端服务，使之能够获得与智力付出相匹配的合理回报。

三是进一步降低家庭税收负担。延续实施居民个人获得上市公司股权激励、全年一次性奖金的个人所得税优惠政策，全面落实子女教育、婴幼儿照护和赡养老人三大专项附加扣除新标准，切实降低中低收入家庭纳税负担。

（五）加快社会保障和公共医疗卫生体系建设

一是加快健全覆盖全民、统筹城乡、公平统一、安全规范、可持续的多层次社会保障体系。持续推进企业职工基本养老保险全国统筹，积极发展第三支柱养老保险，全面推行个人养老金制度。推动更多有条件的集体经济组织等对参保人缴费给予补助。扩大社会保险覆盖面，研究健全参保长效激励约束机制，巩固拓展全民参保成果。聚焦新业态就业人员、灵活就业人员、农民工等重点群体，完善参保政策措施，有效解决"漏保""脱保""断保"问题。进一步健全基本养老、基本医疗保险筹资和待遇调整机制，稳步提高待遇标准。推动基本医疗保险、失业保险、工伤保险省级统筹，全面推行新就业形态就业人员职业伤害保障。促进多层次医疗保障有序衔接，完善大病保险和医疗救助制度，落实异地就医结算，建立长期护理保险制度，积极发展商业医疗保险。加快完善全国统一的社会保险公共服务平台，完善转移接续制度，统一规范有关政策、待遇标准，更好地促进劳动力和人才流动。健全社保基金保值增值和安全监管体系。

二是进一步完善医疗卫生服务体系，织牢公共卫生防护网。坚持基本医疗卫生事业的公益性，持续深化医药卫生体制改革，促进医保、医疗、医药协同发展和治理。促进优质医疗资源扩容和区域均衡布局，健全覆盖城乡的医疗卫生服务三级网络，提高基层防病治病和健康管理能力。继续开展国家药品价格谈判和药品集中招标采购，优化医保目录，深化医疗服务价格改革与管理，强化药品价格治理能力，持续降低居民个人卫生医疗支出负担。健全公共卫生体系，加强重大疫情防控救治体系和应急能力建设。

（六）巩固拓展脱贫攻坚成果，促进困难群体共享发展成果

一是健全巩固拓展脱贫攻坚成果长效机制和农村低收入人口常态化帮扶机制。继续保持兜底救助类政策的总体稳定并对之进行优化提升，织密兜牢丧失劳动能力人口基本生活保障底线。健全防止返贫动态监测和帮扶机制，对易返贫致贫人口实施常态化监测和精准帮扶。继续做好易地扶贫搬迁后续帮扶工作，完善后续扶持政策体系。做好与乡村振兴的有效衔接，支持脱贫地区乡村特色产业发展壮大，持续改善脱贫地区基础设施条件，明显提升脱贫地区公共服务水平。继续开展农村低收入人口动态监测，完善定期核查和动态调整机制，健全多部门联动的风险预警、研判和处置机制，实现风险点的早发现和早介入。加强集体经济薄弱村结对帮扶工作，增强经济薄弱村的造血功能。

二是完善分层分类的社会救助制度，提高救助保障水平。完善最低生活保障制度，健全低保标准制定和动态调整机制，增强政策精准性。完善特困人员救助供养、残疾儿童康复救助以及医疗、教育、住房、就业等专项救助制度，加强社会救助资源统筹，提高救助服务质量。医疗救助资金支持进一步向乡村振兴重点帮扶县倾斜，实施城乡居民基本医疗保险参保个人缴费资助政策。对缴费困难群体和其他已脱贫人口可保留城乡居民养老保险最低缴

费档次，根据实际情况为缴费困难群体代缴部分或全部保费。加强对失能、部分失能特困老年人口与孤儿、事实无人抚养儿童的兜底保障和照护、康复服务。加强城乡救助体系统筹，逐步实现常住地救助申领。

三是激励有劳动能力的困难群体通过自身努力增收。坚持扶志扶智相结合，发挥奋进致富典型的示范引领作用，激励有劳动能力的低收入人口勤劳致富。延续支持扶贫车间的优惠政策。统筹用好乡村公益性岗位，健全管理机制，着力帮扶残疾人、零就业家庭成员等困难人员就业。搭建用工信息平台，培育区域劳务品牌，加大脱贫人口有组织劳务输出力度。在涉农项目建设和管护中广泛采取以工代赈方式，带动低收入人口就地就近就业。完善低保与就业联动机制，对实现就业的，在核算低保对象家庭收入时对已经实现就业的家庭成员扣减必要的就业成本。

政 策 篇

B.2
健全最低工资标准评估机制

贾东岚*

摘 要: 2016 年以来,我国逐步建立了部门层面和地方层面的最低工资标准评估机制,充分考量最低工资标准调整对劳动者、企业和社会等多方的影响,兼顾各方利益。现行评估机制在政策功能定位、评估质效、主体部门、客体范围等方面存在不足,导致缺乏系统化和规范化的评估体系。因此,应当提高相关立法层次,完善最低工资标准的调整和评估细则;加强宣传指导,提升地方评估效能;促进数据交流共享,统筹发挥多方数据作用;加强零工经济调研,强化小时最低工资标准效应评估。以期构建更加科学、合理的最低工资标准评估机制,推动经济社会的协调发展和共同富裕目标的实现。

关键词: 最低工资标准 社会保障 就业与薪酬

---

* 贾东岚,中国劳动和社会保障科学研究院副研究员,主要研究领域为工资收入分配和劳动关系。

一 中国最低工资制度的历史沿革 及最低工资标准评估机制的建立

1993 年，为了适应市场经济发展的需要，推动工资分配法制化，劳动部颁布了《企业最低工资规定》（劳部发〔1993〕333 号）。1994 年，《中华人民共和国劳动法》颁布实施，其第四十八条规定"国家实行最低工资保障制度"，首次从法律层面明确最低工资制度。

经过 10 年发展，伴随国企改革、民企快速发展，非全日制、劳务派遣、临时工等用工形式逐步发展，2004 年颁布《最低工资规定》（下称《规定》），进一步完善和细化了该项制度，包括扩大了适用范围、新增了形式、细化了三方协商原则和程序、丰富了调整参考因素等。[①]《规定》明确了各地最低工资标准的确定和调整方案，由省、自治区、直辖市人民政府劳动保障行政部门会同同级工会、企业联合会/企业家协会研究拟订，并将拟订的方案报送劳动保障部。经劳动保障部征求中华全国总工会、中国企业联合会/企业家协会的意见并得到批复后，由省级劳动保障部门报所在省、自治区、直辖市人民政府批准后向社会发布。随着 2004 年西藏开始实施最低工资制度，我国最低工资制度全面实施。各地按照《规定》明确的当地就业者及其赡养人口的最低生活费用、城镇居民消费价格指数、职工个人缴纳的社会保险费和住房公积金、职工平均工资、经济发展水平、就业状况等参考因素调整最低工资标准。

2004 年以来，最低工资标准在制度上和实践中都取得了重大进展。作为政府调节企业工资分配的重要"抓手"，最低工资制度是保障劳动者特别是低收入劳动者取得劳动报酬合法权益的重要手段，也是国家"提低、扩中、调高"收入分配制度改革思路中"提低"的主要措施之一。[②] 但最低工

---

① 谭中和等：《中国工资收入分配改革与发展（1978~2018）》，社科文献出版社，2019。

② 贾东岚：《我国最低工资制度那些事儿》，《中国人力资源社会保障》2020 年第 8 期。

资制度在实施中也存在一些问题,在理论上也遭受质疑,如部分企业把最低工资当作企业员工标准工资,导致员工实际收益受损;小微型企业因政府提高最低工资标准加大了用工成本而产生抵触情绪;各省区市在最低工资标准调整过程中调整的幅度、频次、时间、程序、方法差异较大,部分地区标准与当地经济发展不协调,甚至出现一些盲目攀比现象等。①

2010 年起,全国各地最低工资标准调增速度加快。与此同时,经济发展增速有所放缓。与之前 10 年中国 GDP10%左右的快速增长相比,2012 年中国 GDP 增速"破8",达到 1999 年以来经济增速的最低值,中国经济发展正由高速增长时代向 7%~8%的"中速增长区间"变动。2010~2015 年,全国最低工资标准实际增速快于人均 GDP 实际增速约 2.78 个百分点,31 个省份中,有 20 个省份最低工资标准实际增速快于人均地区生产总值增速。②最低工资标准快速调整是否影响中小企业的发展引起了关注和重视。2012~2013 年,从国家层面开始探索建立评估框架,搭建规范性、合理性和科学性维度的评估指标体系。少数地区如内蒙古于 2013 年左右尝试开展当地最低工资标准执行和影响情况评估工作。到 2015 年底,伴随经济发展进入新常态,在借鉴国际通用的评估或审议机制经验的基础上③,主管部门初步建立了全国和地方层面的最低工资标准评估体系,并出台有关文件要求各地建立最低工资标准评估机制,充分发挥专家和第三方机构的作用,对最低工资标准实施情况和影响程度进行评估。

二 当前最低工资标准评估工作概况

(一)中央主管部门的宏观指导逐步加强

近年来,主管部门高度重视对最低工资标准调整的指导工作,从全国综

---

① 贾东岚:《最低工资政策——影响效应及制度设计》,研究出版社,2021。
② 数据来源:《中国统计年鉴》。
③ 胡宗万:《新常态下完善最低工资标准调整机制的思考》,《中国劳动》2015 年第 23 期。

合协调平衡的角度对最低工资标准进行宏观指导。评估过程中充分考量最低工资标准对劳动者、企业和社会等多方的影响，兼顾各方利益，使得最低工资标准评估的制度化和规范化水平进一步提高。部门层面根据全国评估结论对各地区进行窗口指导，各地结合本地评估实际，实现"差别化"调整。部门和地方层面也注重发挥企业、政府、工会三方作用，使之共同参与评估最低工资标准实施情况。

（二）地方部门加强对最低工资标准调整所涉多方利益的平衡

部分先行先试地区的最低工资标准评估工作已由 2013~2014 年的探索或试评估发展到逐步建立和完善评估机制。实践中，多数地区通过组织专项调查、多源数据测算，并征求相关部门意见，进行最低工资标准调整方案的比较和选择。也有部分地区通过聘用第三方机构对最低工资标准实施效果及影响效应进行较为全面的评估。2017~2023 年的调研发现，浙江、广东、江西、天津、深圳等地区已经在借助咨询机构或科研院所的力量，采用更为科学的抽样方法，对最低工资标准对企业和劳动者的影响进行专门调查，并结合企业薪酬调查数据，在收入差距、职工薪酬、工作时间等方面开展进一步的影响效应分析。同时，个别地区也加强了最低工资标准的国际比较和省内不同区域标准的协调性评估，以及不同形式支付最低工资标准间的合理性评估。

（三）主管部门层面和地方层面评估有机结合

每年 10~11 月，中央主管部门层面启动评估，委托高校或科研机构进行全方位评估。组织人社、工会、企联、工商联等协调劳动关系三方机构联合开展最低工资标准评估调查，并结合宏观经济环境、企业经营情况、低收入群体收支变动、区域经济协调性以及下一步经济预测等，形成全国最低工资标准评估报告。第二年年初，国家层面通过发文或开会形式对各省份标准调整进行窗口指导。各地根据评估报告意见，结合当地评估实践，按照国家和省级制度规定的调整频率要求，适时提出调整方案。根据 2024 年初笔者所在课题组对全国各省、自治区和直辖市以及深圳市 32 个地区参与最低工资标准调整及评估工作情况的调查，绝大多数地区人社部门最低工资标准调整工作的具体负责人表示，上下结合的分层评估机制运行相对有效。数据也显示，通过近年来国家的宏观指导，部分地区实际最低工资与同期劳动生产率增长更加匹配。

（四）协调劳动关系三方机构的参与度有所提升

2014 年中华全国总工会的调查显示，大多数地区的工会部门未主动开展最低工资标准调整相关调研、测算、评估工作，能够有理有据提出最低工资标准调整建议的更少。31 个省份中有 9 个省份的工会部门调查过最低工资标准影响的劳动者类型、数量及其特点，10 个省份的工会部门调查过最低工资标准调整对本地区总体收入分布的影响。2022 年调查显示，全国省级工会中分别有 16 个、20 个、17 个和 9 个工会调查过最低工资标准影响的劳动者特征、对低工资劳动者收入的影响、对中小劳动密集型企业人工成本的影响和对就业率及工作时间的影响。表明，工会部门近年来对最低工资标准调整和评估的参与度有所提升。近年来，少数地区工会部门的作用发挥明显。如上海市总工会依托自有调查开展调研排摸，每年形成收入分配分析报告，推动政府调整最低工资标准。又如北京市总工会则积极运用大数据挖掘劳动力市场招聘和低收入群体工资收入动态，支持提出最低工资标准调整方案。

三 当前最低工资标准评估机制存在的问题

尽管过去部分地区最低工资标准调整零评估或零散评估的局面正在逐步改善，但是由于缺乏专业指导或欠缺先进经验借鉴等原因，很多地方人社、工会、企联和工商联等部门共同参与的最低工资标准评估工作没有形成系统化、规范化、指标化的体系。

（一）政策功能定位认识不统一，调整和评估实践缺乏规范性

《规定》明确各地最低工资标准，由省、自治区、直辖市人民政府劳动保障行政部门会同同级工会、企业联合会/企业家协会研究拟订，且明确了每两年最少调整一次。实践中，各地政府及有关部门对最低工资标准的功能定位认识不一，有的认为最低工资标准应是工资下限，应尽量考虑企业经营成本和营商环境问题；有的则认为最低工资制度不仅要保障生活，还要达到分享经济发展成果的效果，是扎实推动当地共同富裕战略中的一项具体举措。如《浙江高质量发展建设共同富裕示范区实施方案（2021—2025年）》提出"完善最低工资标准与经济增长、社会平均工资增长联动机制"，《浙江省人力资源和社会保障事业发展"十四五"规划》提出到2025年最低工资标准达到社会平均工资的40%左右。同时，也有认为最低工资制度作为劳动力市场工资支付领域唯一强制性法律制度，是收入分配宏观调控领域见效最快的工具之一，是增加收入或刺激消费首选政策之一。因此，不同理念和策略引导下，地方政府在选择"调"与"不调"或"调多"与"调少"方面依据存在差异，调整和评估过程中把握程度不一，缺乏统一性、规范性和科学性。

（二）评估质效存在区域差异，部分地区亟待科学的评估指导

一是评估模式不同。据2024年初课题组对全国各省、自治区和直辖市以及深圳市32个地区参与最低工资标准调整及评估情况的调查，17个地区人社部门自行开展专项调查，结合人社部每年年底评估数据进行评估分析，11个地区通过第三方专业机构提供技术支持开展评估。还有4个地区没有专项调查，主要基于人社部的年度评估数据及日常掌握情况开展评估。二是评估内容不同。由于各地最低工资标准主要由省级劳动保障部门会同协调劳动关系三方机构共同研究制定调整方案，各地在评估过程中关注重点不一。调查显示，32个地区中，有30个以上的地区关注对群体特征、企业人工成本的直接影响，有23个地区关注对低收入或青年劳动者的影响，有19个地

区关注对就业或用工的影响，仅有 14 个地区调查对宏观收入和消费的影响。三是评估人员专业化程度不同。根据调研发现，大多数省份负责人经验少于 3 年，很多地区缺乏专人负责此项工作，加之机关内部人员轮岗或调动较多，容易造成从业人员由于经验不足而只能提出原则性意见建议。问卷调查数据显示，全国各省（自治区、直辖市）及深圳人社部门最低工资标准评估工作实践中遇到的困难中，"具体工作人员专业程度有限""评估方法和方式有待进一步指导"是最重要的两大难题。

（三）评估主体部门有待进一步多元，三方协商机制有待进一步做实

目前，最低工资标准评估工作以人社系统相关部门为主，协调劳动关系三方机构的参与程度仍有待提升。调研发现，多数地区最低工资标准调整方案先由人社部门拟定然后再征求其他部门意见。尽管名义上是按照三方协商机制来共同制定最低工资标准调整方案，但实际上不少地区的三方协商机制流于形式。很多省份在人社部门提出初步测算方案后，工会和雇主方机构无法真正发挥作用。调查数据显示，在评估最低工资标准方面，其他部门或组织所做的实际工作较少，尤其是企联和工商联的源头参与工作不够充分。32 个地区中仅有 5 个地区人社部门认为最低工资标准评估工作中工会、企联或工商联部门的自有数据能够有效支撑最低工资标准评估分析。

（四）评估客体范围有待进一步扩大，指标体系建设有待进一步完善

从部门层面来看，在 2012 年左右搭建"企业和劳动者两兼顾"评估体系的基础上，2018 年以来逐步增加和完善评估指标，开展对社会就业、收入分配差距等相关细分指标的分析。但重点关注的仍是使用范围较广的月度最低工资标准的影响评估，忽略小时最低工资标准实施的影响评估。近年来，随着互联网、大数据等新兴技术的飞速发展，零工经济、

灵活用工快速发展，小时最低工资标准的应用场景及其影响也有待进一步跟踪评估。

从地方层面总体来看，各地在评估实践中关注的评估对象范围较小，重点在最低工资标准对劳动者特征、企业人工成本的影响等领域。对月度和小时最低工资标准的合理关系关注较少，对小时最低工资标准的影响情况评估更是缺乏。仍有部分地区在最低工资标准评估过程中关注的指标和数据相对单一，未能充分利用相关系统内部的调查数据进行深入挖掘和剖析相关影响效应。

（五）评估方法有待进一步拓展，多源数据有待进一步挖掘

对于评估方法，总体来看，大多数地区采用统计局数据估算或选择抽样调查方式，个别地区在评估过程中样本量过低造成数据参考价值不大或采用定性研究方法导致推算论据不足。一些地区仍采用定性的最低工资标准评估分析，部分分析方法及论证依据缺乏合理性，有待进一步用好用足人社薪酬调查和制造业人工成本数据、工会职工收入调查体系、工商联民营企业劳动关系调查数据等进行论证。

（六）评估机制系统性有待进一步增强，实施细则有待进一步明晰

不论是部门层面还是地方层面，评估的组织机制都有待进一步理顺。如每年人社、工会、企联和工商联各部门的专题研究或相关主题调查中会涉及最低工资标准调整实施和影响情况，但工会、企联和工商联的相关具体结论未能适时支持负责最低工资政策指导的人社部门评估结论，在一定程度上导致评估数据存在滞后性和分散性的问题。同时，人社部门2015年底的有关文件仅提到重点评估对劳动者基本生活保障程度、对企业人工成本和社会就业的影响，对于具体评估机制并未进一步明确指导，对评估频率、评估方法、数据口径、三方四家单位责任和义务等情况未能明晰，有待进一步健全评估机制。

四　关于健全最低工资标准评估机制的建议

（一）提高相关立法层次，完善调整和评估细则

提高立法层次。参考国外最低工资标准执行较好的国家立法及配套细则实践[1]，就最低工资政策专门立法，提高立法层次，以增强最低工资制度的强制力和执行力[2]。明晰制度定位。根据经济社会发展阶段性特征，在"保基本"的基础上适当考虑"提高低收入群体购买力""共享经济社会发展成果"的作用，使之成为扎实推动共同富裕中的具体举措。统一相关概念。明确将社保和公积金纳入标准，必要时进一步通过配套法规明确或具体罗列最低工资组成部分。同时，明确不同工资制度条件下最低工资标准的换算方法。完善调整机制。成立多元代表组成的最低工资委员会，建议各省区市采用固定的新标准公布日期、生效日期，并关注全国各地调整时间的协调，以利于企业为应对最低工资标准调整而及时调整企业内部薪酬管理策略。

（二）加强宣传指导，提高地方评估效能

出台相关指引文件。出台健全关于最低工资标准调整和评估机制的指导意见，针对评估主体、评估维度、评估内容、评估程序、评估方法等制定细则和指引。加强培训宣传。定期组织各地直接参与最低工资标准调整工作的人员参与培训和宣传，提高其专业能力。做好宏观引导。加强对各地调整幅度的宏观引导，持续完善评估指标体系，并逐步加强对各地最低工资标准调整的宏观调控作用。在逐年修正区域经济不协调现象的基础上，探索发布最低工资标准调整指导区间。

---

[1]　贾东岚：《国外最低工资》，中国劳动和社会保障出版社，2014。
[2]　《我国最低工资标准的立法困境与出路——基于对我国 25 部最低工资地方政府规章的实证考察》，《社会科学家》2023 年第 5 期；邹世允：《我国最低工资法律制度立法完善研究》，《中国劳动》2014 年第 2 期。

（三）促进数据交流共享，统筹发挥多方数据作用

加强部门间合作。建立最低工资标准调整相关部门联席会议制度，促进发改、统计、人社、工会、企联、工商联等部门内部数据共享机制形成；做实三方协商机制。指导地方制定一套明确的关于三方协商和决策的规则，积极发挥协调劳动关系三方部门各级系统自有数据资源的特殊优势，构建参与最低工资标准制定的长效机制，发挥劳动关系三方协商工作的实际效果；促进数据共享。统筹应用行业协会、人力资源服务机构、招聘平台等相关机构数据，运用大数据分析标准调整的宏观经济背景、劳动力市场走势以及标准调整的影响或预测效应。

（四）加强零工经济调研，强化小时最低工资标准效应评估

加强跟踪监测。跟踪灵活就业、新就业形态、零工经济业态变动，开展全面的调查和研究，了解新业态在国家和地区经济中的增长速度和影响。加强研究分析。研究该类劳动者群体的技能、工作条件以及面临的挑战和需求，分析当前小时最低工资标准适用范围、换算公式的合理性与适用性。明晰标准适用性。探索研究更加有效和有针对性的标准制定和调整机制，确保政策适应新业态的变化。

B.3
完善国有企业工资总额管理

祝慧琳　史珍珍*

摘　要： 完善国有企业工资总额管理，是激活国有企业内部人力资本、提高国有企业核心竞争力、增强国有企业核心功能、推动新质生产力发展的重要保障。本文聚焦国有企业工资总额管理开展研究，发现国有企业工效联动、工资总额基数核定、工资分类分级管理以及工资分配监督管理等方面仍存在问题。针对上述问题，从完善工效联动机制、健全工效联动指标体系、优化工资总额单列管理、加强工资分配宏观指导和监督管理等方面提出政策建议。

关键词： 国有企业　工资总额　工效联动　工资分配

党的二十大报告提出"深化国资国企改革，加快国有经济布局优化和结构调整，推动国有资本和国有企业做强做优做大，提升企业核心竞争力"，2023年的中央经济工作会议提出"深入实施国有企业改革深化提升行动，增强核心功能、提高核心竞争力"。国有企业工资分配制度作为中国特色社会主义分配制度的重要构成，承担了激活内部人力资本、加快科技创新和产业升级、推动企业提质增效的重要任务。

当前，国有企业在激活创新动力、实现提质增效、加强精益管理等方面还存在一些短板和不足，与科技创新取得新突破、加快发展新质生产力、建

* 祝慧琳，中国劳动和社会保障科学研究院助理研究员，主要研究领域为工资收入分配、企业薪酬管理；史珍珍，北京信息科技大学经济管理学院副教授，硕士研究生导师，主要研究领域为大数据开发与应用、人力资源管理。

设世界一流企业等要求还存在一些距离。与此同时，国有企业工资总额、薪资待遇等话题一直受到社会关切和广泛讨论。因此，在新一轮国有企业改革深化提升行动中，应紧紧围绕"增强核心功能、提高核心竞争力"，积极探索完善中国特色现代国有企业工资分配制度，提高国有企业工资总额管理水平，正确处理好按劳分配和按生产要素分配之间的关系，充分调动核心人才、关键人才的创新创造活力。本文聚焦国有企业工资总额管理，利用文献研究、数据分析、实地调研等方法，深入剖析当前国有企业工资总额管理现状和问题，提出完善国有企业工资总额管理的政策建议，以期为构建符合社会主义市场经济体制运行要求的国有企业工资总额管理制度提供研究支持。

一 国有企业工资总额管理政策沿革

国有企业工资总额管理是规范国有企业工资收入分配秩序、推动国有企业提质增效的重要手段。改革开放以来，国有企业工资总额管理伴随社会主义市场经济制度的建设和发展不断改革和完善，总的来看，国有企业工资总额管理的发展可以分为"工效挂钩"制度、工资总额预算管理制度、工资总额决定机制深化改革三个主要阶段。

（一）"工效挂钩"制度（1985~2010年）

随着党的十一届三中全会的召开，我国进入了改革开放和社会主义现代化建设的历史新时期。为了改善国有企业亏损状况、提高职工活力，1985年1月，国务院印发《关于国营企业工资改革问题的通知》，要求在国营大中型企业中实行职工工资总额同企业经济效益按比例浮动的办法，简称"工效挂钩"制度。随后，1993年7月，劳动部等五部委印发《国有企业工资总额同经济效益挂钩规定》，明确提出"实行工效挂钩，应以能够综合反映企业经济效益和社会效益的指标作为挂钩指标""必须坚持工资总额增长幅度低于本企业经济效益增长幅度、职工实际平均工资增长幅度低于本企业劳动生产率增长幅度的原则"（简称"两低于"原则），对"工效挂钩"制度的经济效益指标及其基数、工资总额基数、浮动比例、工效挂钩管理等做出了细化规定。

同时，为了协调和平衡不同地区、行业、企业之间的工资总额，政府陆续印发《试点地区工资指导线制度试行办法》《劳动力市场工资指导价位调查和制订方法》和《关于建立行业人工成本信息指导制度的通知》等文件，初步确立了以工资指导线制度、劳动力市场工资指导价位制度、行业人工成本信息指导制度三大制度为主的企业薪酬分配宏观调控体系，为政府指导和调控国有企业工资总额提供了制度保障。[①] "工效挂钩"打破了计划经济时期的"大锅饭"制度，激发了国有企业职工的积极性，改善了国有企业亏损状况。[②] 但在实施过程中，该制度也出现一些新的问题，比如工资总额挂盈不挂亏、旱涝保收，工资增长成为刚性，不同所有制企业职工工资收入差距扩大；垄断性或资源性国企依托垄断地位或资源优势，实现工资快速增长，行业间收入差距扩大；工资外收入、隐性福利占比较大且快速增长；国有企业负责人在职消费水平较高且显著增长；监管体制不健全，工资基数认定、考核指标、指标权重等存在主观操作空间；等等。[③]

（二）工资总额预算管理制度（2010~2018年）

为了解决"工效挂钩"制度下存在的垄断性企业收入过高、行业收入差距较大、市场化分配程度不高等问题，2010年和2012年，国务院国资委先后印发《中央企业工资总额预算管理暂行办法》《中央企业工资总额预算管理暂行办法实施细则》两个文件，提出中央企业应围绕发展战略，依据

---

① 张子楠、王高望：《薪酬制度改革对国有企业效率的影响：文献述评》，《制度经济学研究》2016年第1期；刘军胜、肖婷婷：《我国工资分配改革，路在何方？（上）》，《中国人力资源社会保障》2019年第11期。

② 陈冬华、范从来、沈永建、周亚虹：《职工激励、工资刚性与企业绩效——基于国有非上市公司的经验证据》，《经济研究》2010年第7期。

③ 文宗瑜、刚成军：《国企工资收入分配的模式及现状》，《国有资产管理》2008年第8期；刘军胜、肖婷婷：《我国工资分配改革，路在何方？（上）》，《中国人力资源社会保障》2019年第11期。

年度生产经营目标、经济效益情况和人力资源管理要求，对年度工资总额的确定、发放和职工工资水平的调整，做出计划安排并进行有效控制和监督。这标志着工资总额预算管理制度在中央企业全面推行。

与"工效挂钩"制度相比，工资总额预算管理制度具有以下特点。一是工效挂钩指标更加全面，工资总额既与利润、经营收入等经济指标挂钩，还综合考虑人工成本投入产出水平、职工工资水平等指标。二是工资总额调控更加合理，工资总额预算管理制度下，政府对国有企业工资总额和人均工资增长幅度实行"双调控"，设置上、中、下三条调控线，防止工资过快增长。三是工资总额管理更加科学，工资总额预算管理要求国有企业年初上报预算方案，年中根据运营情况进行调整，年底由上级主管部门进行清算。这种间接管理方式给予企业更多的自主权，激励企业强化人工成本控制观念、完善内部薪酬分配制度。[1]

但在制度执行过程中仍存在一些问题。例如，工资效益联动机制允许企业自主建立，有些企业趋利避害，选取能够大幅提高工资总额的挂钩指标，政策调控作用发挥不明显；工资总额主要与经济效益指标挂钩，没有考虑企业创造的社会效益；为降低职工平均收入增幅、提高工资总额，国有企业大量雇用劳务派遣职工或扩招低层次人员[2]；工资总额增长幅度、人均工资增长幅度受限，企业优秀人才流失、发展动力不足[3]；企业内部分配制度不完善，岗位工资与市场价位存在脱节，职工工资差距较小，仍然存在平均主义[4]；等等。

[1] 刘俊茹、吴海云：《国有企业工资总额预算管理改革探索》，《中国劳动》2005年第11期；高建设：《实施工资总额预算管理 助推中航工业科学发展》，《中国人力资源开发》2014年第1期；刘颖：《论央企工资总额预算管理制度中的问题及对策》，《人力资源管理》2016年第6期；宋宝福、曹健、徐龙臣：《关于国有企业工资总额预算管理的探讨》，《中国集体经济》2017年第19期。
[2] 高建设：《实施工资总额预算管理 助推中航工业科学发展》，《中国人力资源开发》2014年第1期。
[3] 胡琪琳、刘妍：《工资总额预算管理体系建设探索》，《经济师》2014年第9期。
[4] 王一农：《国有企业工资总额预算的分类管理及其完善》，《国有资产管理》2014年第7期。

（三）工资总额决定机制深化改革（2018年至今）

1. "一适应两挂钩"的工资总额预算管理方式

随着社会主义市场经济体制的发展和现代企业制度的完善，工资总额预算管理制度体现出了其历史局限性，需要进一步解决国有企业工资总额管理存在的工资刚性，行业间、企业间薪酬差距较大，监管覆盖范围不全面等问题。[1] 2018 年 5 月，《国务院关于改革国有企业工资决定机制的意见》（以下简称《意见》）正式印发，明确了改革国有企业工资决定机制的意义和基本原则，对工资总额确定办法、工资与效益联动机制、工资效益联动指标、工资总额预算管理等内容进行了详细说明。不久后，国务院国资委发布《中央企业工资总额管理办法》（以下简称《办法》），对《意见》进行补充、细化。随后，31 个省份分别出台关于国有企业工资决定机制改革的实施意见，标志着"一适应两挂钩"的工资总额预算管理方式在国有企业全面推行。

"一适应两挂钩"的工资总额决定机制坚持市场化导向，企业工资总额挂钩指标综合考虑了劳动生产率、人工成本投入产出率、职工工资水平市场对标等一揽子因素，更加全面反映了企业实际发展状况；对不同类型企业采取差异化监管，如充分竞争行业的商业类国有企业实施备案制等。坚持工资总额分类管理，不同类型企业在主管部门调控维度、预算方案管理模式、工资效益联动指标等方面实施差异化管理。坚持强化政府监管，政府部门定期制定和发布工资指导线、劳动力市场价位、行业人工成本信息、非竞争类国有企业工资增长调控目标等，强化对国有企业的宏观指导和调控；明确各级政府和企业主管部门等的分级监管职责，加强对国有企业工资总额的全过程动态监控，对国有企业工资总额超提、超发等违规行为加大惩处力度，提高

---

[1]　常风林：《国有企业工资决定机制改革取得重大突破——解读〈关于改革国有企业工资决定机制的意见〉》，《石油人力资源》2018 年第 3 期；人力资源社会保障部劳动关系司：《〈国务院关于改革国有企业工资决定机制的意见〉政策解读和实务操作》，中国劳动和社会保障出版社，2019。

监督效能。①

2. 国有企业工资总额管理新突破

国有企业工资总额管理的新突破主要体现在工资单列和人才激励方面。2019 年 1 月，国务院国资委发布《关于中央企业创建世界一流示范企业有关事项的通知》的征求意见稿，提出将进一步放权授权，中央企业创建世界一流示范企业可以自主决策、综合运用混改、员工持股、股权激励等各项国企改革政策。2019 年、2020 年，国务院国资委先后发布《关于印发〈百户科技型企业深化市场化改革提升自主创新能力专项行动方案〉的通知》和《关于做好"科改示范行动"入选企业改革方案备案等有关事项的通知》，提出科技型企业、围绕主业发展符合国家战略性新兴产业布局的子企业以及企业关键核心团队等，工资总额可以单列，不纳入集团工资总额，强调了对科改类企业工资总额的区别管理。随后，政府相继出台了一系列配套政策和措施（详见表 1），不断完善国有企业工资总额管理，充分调动企业职工的积极性、主动性、创造性，提高国有企业经济效益和市场竞争力。

表 1　国有企业工资总额决定机制主要政策

改革阶段	年份	文件名称
"工效挂钩"制度（1985~2010 年）	1978	《国务院关于实行奖励和计件工资制度的通知》（国发〔1978〕91 号）
	1985	《关于国营企业工资改革问题的通知》（国发〔1985〕2 号）
		《国营企业工资改革试行办法》（劳人薪〔1985〕29 号）
	1993	《国有企业工资总额同经济效益挂钩规定》（劳部发〔1993〕61 号）
		《国务院办公厅转发劳动部关于加强企业工资总额宏观调控意见的通知》（国办发〔1993〕69 号）、《劳动部关于加强企业工资总额宏观调控的实施意见》（劳部发〔1993〕299 号）
	1997	《试点地区工资指导线制度试行办法》
	1999	《劳动力市场工资指导价位调查和制订方法》
	2004	《关于建立行业人工成本信息指导制度的通知》

---

① 谭中和等：《中国工资收入分配改革与发展（1978~2018）》，社会科学文献出版社，2019。

续表

改革阶段	年份	文件名称
工资总额预算管理制度（2010~2018年）	2010	《中央企业工资总额预算管理暂行办法》
	2012	《中央企业工资总额预算管理暂行办法实施细则》
工资总额决定机制深化改革（2018年至今）	2018	《国务院关于改革国有企业工资决定机制的意见》（国发〔2018〕16号） 《中央企业工资总额管理办法》（国资委令第39号）
	2019	《关于中央企业创建世界一流示范企业有关事项的通知》（征求意见稿） 《关于印发〈百户科技型企业深化市场化改革提升自主创新能力专项行动方案〉的通知》（国企改办发〔2019〕2号）
	2020	《关于做好"科改示范行动"入选企业改革方案备案等有关事项的通知》（国企改办〔2020〕1号）
	2021	《"双百企业"和"科改示范企业"超额利润分享机制操作指引》
	2022	《国有企业新设企业或机构增人增资有关政策规定》（人社厅函〔2022〕119号） 《国有企业工资内外收入监督管理规定》（人社部发〔2022〕57号） 《国有企业科技人才薪酬分配指引》（人社厅发〔2022〕54号）
	2023	《关于做好国有企业津贴补贴和福利管理工作的通知》（人社部发〔2023〕13号） 《国有企业内部薪酬分配指引》（人社厅发〔2023〕14号）

二　国有企业工资总额管理实践现状

我国国有企业工资总额管理经历了多个阶段，从初期的探索到逐步市场化，再到更加多元化和差异化。当前，通过各方的共同努力，国有企业工资总额管理改革工作取得了阶段性的显著成效，包括统一规范的国有企业工资分配制度已经形成，国有企业工资分配监管体制进一步健全，国有企业负责人和职工工资实现平稳有序增长，国有企业不合理的偏高、过高收入得到调整，收入分配秩序得到有效规范。

（一）国有企业工资水平

1. 国有企业工资水平不断提高，增速有所放缓

2016~2022 年，我国规模以上国有企业就业人员平均工资①整体呈增长态势，从 71707 元增长至 115149 元（如图 1 所示），累计增幅②为 60.58%，年均增速为 8.21%。同比来看，国有企业就业人员平均工资增速自 2017 年起，整体呈波动下降态势，逐步从 2017 年的 9.54% 下降至 2022 年的 4.76%，这一态势与我国近年来稳增长、调结构的经济社会发展情况基本一致。

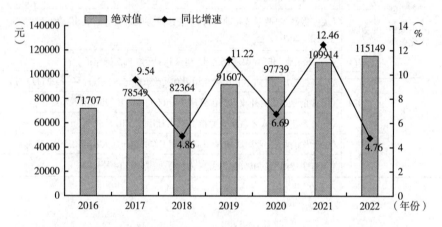

图 1　国有企业就业人员平均工资及其同比增速（2016~2022 年）

数据来源：根据历年国家统计局公布数据整理所得（下同）。

2. 国有企业工资增速略快于同期人均 GDP 增速

自 2014 年起，国有单位就业人员平均工资增速整体快于人均 GDP 增速（2021 年除外）；同时，2017~2022 年，规模以上国有企业就业人员平均工

---

① 由于数据的可获得性，本文利用历年国家统计局《规模以上企业就业人员分岗位年平均工资情况》中的国有企业就业人员平均工资数据、《中国统计年鉴》中的国有单位就业人员平均工资数据等，研究国有企业就业人员工资变动情况。

② 文中的增长，除特别指出外，均为名义增长。

资同比增速整体也快于人均 GDP 增速；2022 年国有单位就业人员平均工资、规模以上国有企业就业人员平均工资和全国人均 GDP 同比增速分别为 6.96%、4.76% 和 5.32%（如图 2 所示），表明在国有单位就业人员平均工资增速下降的背景下，国有单位就业人员相对同步分享了经济社会发展成果。

图 2　国有企业就业人员平均工资与人均 GDP 同比增速（2011~2022 年）

3. 国有企业工资水平高于社平工资，工资差距有增有降

2016~2022 年，我国规模以上国有企业就业人员平均工资均高于城镇私营和非私营单位就业人员平均工资（2018 年除外），2022 年国有企业与城镇私营、非私营单位就业人员平均工资差额为 49912 元和 1120 元（如图 3 所示）。同比来看，2017~2022 年，国有企业就业人员平均工资与城镇私营和非私营单位就业人员平均工资增速均呈下降态势，但是国有企业就业人员平均工资增速累计下降 4.78 个百分点，快于城镇私营和非私营单位就业人员相应水平（如图 4 所示）。

从工资差距来看，2016~2022 年，国有企业与城镇非私营单位就业人员平均工资差距呈现下降态势，差距倍数从 1.06 倍下降至 1.01 倍；与城镇私营单位就业人员平均工资差距整体略微增长，从 1.67 倍增长至 1.77 倍（如图 5 所示）。

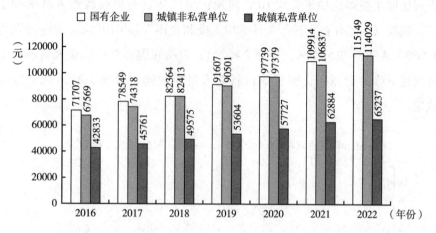

图3 国有企业与城镇私营、非私营单位就业人员平均工资（2016~2022年）

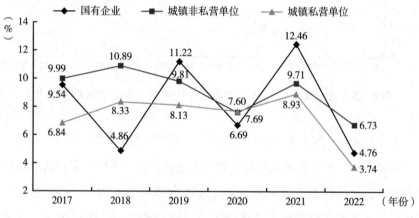

图4 国有企业与城镇私营、非私营单位就业人员平均工资同比增速（2017~2022年）

4. 国有企业行业工资差距相对较大，差距倍数呈波动下降态势

分行业来看，2022年我国国有企业就业人员平均工资排名前三的行业为金融业、科学研究和技术服务业以及信息传输、软件和信息技术服务业，平均工资分别为185022元、151816元和145800元；排名后三的行业为农、林、牧、渔业，住宿和餐饮业以及水利、环境和公共设施管理业，平均工资

图 5　国有企业与城镇私营、非私营单位就业人员平均工资差距（2016~2022 年）

分别为 56816 元、60575 元和 78383 元（如图 6 所示）。年均增速方面，2018~2022 年，农、林、牧、渔业，金融业，批发和零售业的国有企业就业人员平均工资年均增速相对较快，分别为 12.85%、11.78% 和 11.54%；住宿和餐饮业，交通运输、仓储和邮政业的平均工资年均增速相对较慢，分别为 2.71% 和 2.98%。工资差距方面，从不同行业平均工资的最大值与最小值来看，2010~2022 年，国有企业行业间工资差距呈波动下降态势，先从 2010 年的 4.00 倍下降至 2017 年的 3.04 倍，之后增长至 2019 年的 3.73 倍，随后下降至 2022 年的 3.26 倍（如图 7 所示）。

（二）国有企业工资总额管理

一是完善了国有企业工资总额管理政策。自《意见》和《办法》颁布以来，各地区分别出台国有企业工资总额管理相关政策，指导地方国有企业工资总额管理。例如，重庆市出台了《关于改革国有企业工资决定机制的实施意见》《市属国有重点企业工资管理实施办法》等政策文件。各类中央企业分别制定了符合自身经营发展实际的工资总额管理办法。例如，2021年国家电网落实相关政策文件，对工资总额管理办法进行调整，工资总额预算主要按照效益决定、效率调整、水平调控三个环节决定。

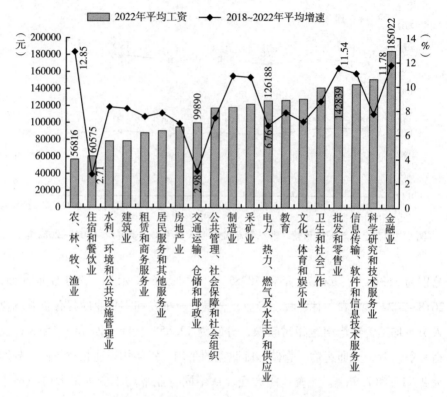

图6 不同行业国有企业的平均工资及其增速

二是坚持了市场化改革方向和效益效率导向。提出"一适应两挂钩"工资总额决定机制，实现了工资总额与经济效益同向联动、职工收入能增能减，切实改变了部分国有企业工资与效益增长不匹配的状况。同时，坚持分级分类管理，根据国有企业功能性质定位、行业特点、发展阶段等，实行差异化工资总额管理方式和决定机制，如备案制或核准制、周期制等，强化了国有企业主体地位，赋予企业更大的内部分配自主权，对促进国有企业提高经济效益和调动国有企业职工积极性发挥了积极作用。

三是加强了国有企业工资管理宏观调控。各地区逐步建立了国有企业工资指导线和调控目标发布等制度，分类发布国有企业工资指导线，实施工资总额和工资水平双调控，明确要求国有企业落实调控要求，合理确定本企业

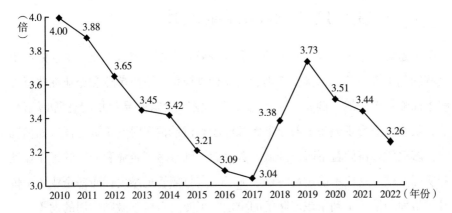

图7　不同行业国有企业平均工资差距（2010～2022 年）

职工工资水平。同时，深入研究国有企业工资总额指标体系和联动机制，优化工资总额联动指标及系数，持续修订完善国有企业工资总额管理办法，强化工资总额与经济效益的结构性联动机制，实现"效益增工资增、效益降工资降"，突出激励作用，合理拉开干好干差的差距。

四是健全了国有企业工资分配监管体制机制。进一步理顺了政府职能部门和履行出资人职责机构的监管责任，具体来看，人社部门主要负责国企工资分配的宏观指导和调控，履行出资人职责机构主要负责国企工资分配监管职责。同时，完善了国有企业工资分配内部监督机制，落实企业董事会、监事会对工资分配的管理和监督责任，对建立企业工资分配信息公开制度等进行了明确，健全了工资分配监管体制机制。

三　国有企业工资总额管理现存的问题

当前，国有企业工资总额管理仍存在一些亟待解决的问题，具体来看主要有以下几个方面。

（一）工资与效益同向联动机制有待完善

一是外界不可控因素造成的企业经济效益大幅波动。当前，《意见》中没有细化工资效益挂钩操作细则和具体计算模型，下级单位和企业在执行过程中面临一定挑战。例如，受新冠疫情、国际大宗商品价格变化等因素影响，某些企业出现经济效益上下大幅波动等极端情况时，工资总额应如何确定？若仅凭经济效益下降而降低工资总额，则忽略了企业和职工的工作业绩和实际贡献。这些不确定性不仅加大了工资总额管理难度，还向企业职工传导了负面预期，不利于职工队伍的稳定、工资决定机制激励作用的发挥。

二是投入产出周期较长的知识密集型企业、尚未开展经营且处在工程建设期的企业、承担较多政府公益性项目的企业等尚未完全落实。首先，第一类企业国有科技型企业，在运营初期通常需要较高水平的资金、设备、人才投入，同时难以快速创造经济价值，导致企业经济效益水平、劳动生产率等普遍不高，较难实现工资总额与经营效益的正向联动。其次，第二类企业在工程建设期间，面临固定资产折旧等问题，由于没有经营收入，利润为负，国有资产保值增值率很难增长。最后，对于公益类企业来说，业务类型通常有限，并承担了较多政府公益性项目，企业造血能力较弱，在市场人工成本上涨的背景下，受限于工资总额，企业的薪酬激励、员工晋升空间有限，造成人才流失加剧。

三是国有企业中长期激励集中兑现问题。调研发现，部分国有企业为了激励职工创新创造，设计了基于项目的模拟股份制、项目分红等中长期激励，但是如果某些年份因业绩较好，获得中长期激励的职工比例较高，且并不完全是科技人才，那么企业将在未来某年面临中长期激励大量兑现问题。若此类国有企业以货币形式兑现的中长期激励收入未能获得单列支持，它就会挤占兑现年份的工资总额基数，有损整体职工利益。此外，虽然政策支持国有科技型企业分红激励支出不受当年工资总额限制、不纳入工资总额基数，但在实践中部分企业未能正常享受，需要尽快出台政策对该情况进行指导。

（二）工资总额基数核定机制有待优化

一是"增人不增资、减人不减资"较难满足部分国有企业的发展需求。企业的人才需求量在不同发展阶段处于动态变化，较难在起步阶段全部配齐。人才已成为当代企业一项重要的生产要素，人工成本在企业总成本中的占比逐步提高。国有企业，特别是国有中小企业在为提高科技创新能力或实现转型升级，需要引进高层次人才时，通常由于工资总额盘子较小，不足以支撑企业引进人才，从而制约自身正常发展。

二是工资水平确定机制有待优化。《意见》规定，在确定国有企业工资总额时要参考职工工资水平市场对标情况，受企业属性影响，当前国有企业较难在国内外市场找到匹配的对标企业。例如，中石油组织庞大、业务板块繁杂，目前主要和中石化、中海油进行对标，但是三者在企业规模、业务范围、作业条件等方面存在差异，对标不够科学合理。同时，企业可获取的工资数据相对较少，对标数据相对有限，较难准确把握职工工资水平的真实市场定位和企业整体的人才价值。

三是工资单列项目涵盖范围相对有限。当下许多地方国有企业面临转型升级，需要引进高层次人才满足业务发展需要，但如果企业不属于现行工资总额单列管理的"双百企业""三新企业""科改示范企业""创建世界一流示范企业"，对于引进的高层次人才特别是高级管理人才等，工资较难申请单列管理，这在一定程度上制约了企业的转型升级进展。

（三）国有企业工资分类分级管理有待加强

一是工资分类管理中联动指标有待完善。调研发现，由于指标量化存在难度，工资总额较多与经济效益指标挂钩的现象仍然存在。例如，由于社会效益指标不易量化，某公益类文化企业将营业收入和利润总额等作为主要挂钩指标，社会效益指标仅作为参考指标，在工资总额计算中权重较小。当前公益类国有企业工效联动指标的设置和考核仍是难点，特别是不同类型企业的社会效益衡量指标差异较大，不易设置通用量化指标，加大了指标量化和

考核难度。

二是工资分级管理中企业改革创新意识有待增强。部分国有企业对政策掌握不全、认识不够、运用不足，导致"一适应两挂钩"的工资决定机制落实不到位。同时，由于缺少专业薪酬管理人员和市场工资数据，大多时候仅是照搬政策，较难利用政策推动企业收入分配制度改革、激发企业的内生动力，特别是对二级经营单位管得过死，出现"管总额等同于管单体""该高不高，该低不低"的平均主义"大锅饭"现象，内部管理缺乏弹性。

（四）国有企业工资分配监管体制有待健全

一是国有企业工资分配监管体制有待健全。当前，政府对企业工资总额的管理多采用事前备案、事后监督的方式，对工资总额动态执行的过程监管手段和方法相对匮乏。同时，由于国有企业分子公司的行业特点和薪酬水平存在差异，工资总额管理难度相对较大，部分企业未能及时评估分子公司工资总额的发放情况，对它们的监督检查也相对不足。

二是国有企业工资分配宏观指导制度有待完善。近年来，我国建立了以工资指导线、最低工资制度以及企业从业人员工资价位信息制度为主的工资分配宏观指导制度。但是当前，国企工资指导线制度的目标值测算依据和具体方法在国家层面尚未统一明确，造成执行效果各地不一；企业从业人员工资价位信息发布的信息口径较为宽泛，行业和职业细化程度不高，亟须围绕新质生产力发展的目标要求不断调整和优化。

四　完善国有企业工资总额管理的政策建议

（一）完善工效联动机制，推广工资总额周期制管理

一是完善挂钩指标大幅波动的调整机制。对于行业周期性特点不明确，暂不适用周期制管理的企业，或者经济效益易受政策、不可抗力等非经营性

因素影响的企业，建议进一步完善工效联动机制。（1）探索多样化工效联动模式。除工资与效益的"线性联动"外，还可以尝试"非线性联动"等模式。例如，财政部在国有金融企业工资效益联动机制中引入反正切函数，当业绩增长范围超过±20%时，工资总额增减幅均有所放缓。（2）探索设置经济效益指标修正系数。对于经济效益指标因基数为负数或绝对额较小而导致增幅异常的，可由履行出资人职责机构根据实际情况适当修正。例如，浙江仙居县国资办根据净利润基数规模，对净利润增幅大于18%的情况进行修正。当净利润同比增长时，净利润基数在0.15亿元以上的，净利润增幅修正系数为1；基数在0.1亿~0.15亿元（含）的，修正系数为0.95，依此类推，修正系数最小值为0.1。

二是探索工资总额"保障政策"。对于主业处于关系国家安全、国民经济命脉的重要行业和关键领域、主要承担重大专项任务的商业类国有企业和公益类国有企业，可尝试探索两种工资总额"保障政策"。（1）合理确定不同类型企业的保障性和效益性工资总额比重。例如，浙江省国资委根据国有企业性质，分别制定了商业类和公益类国有企业保障性工资总额的最高占比。其中，保障性工资增长主要根据企业所承担的重大专项任务、营业收入等指标完成情况，结合CPI综合确定。（2）设置工资总额增长上限和下降下限。履行出资人职责机构可以结合同行业、同类型国企工资总额增长情况以及宏观经济、社平工资等数据，合理设置工资总额增长上限和下降下限。例如，财政部对国有金融企业设定了±30%的增减上下限。

三是推广周期制管理。对于行业周期性波动相对明显的国有企业，或者年度经济效益指标波动较大的国有中小微企业，建议推行工资总额预算周期制管理。具体来看，可以在放宽周期管理时间范围，"一企一策"确定联动指标和联动机制，健全企业事中监控、事后审计、定期报告、责任追究机制等方面重点发力，利用周期制管理平滑行业的周期性波动以及规避突发事件对企业年度经济效益的影响。

（二）健全工效联动指标体系，体现国有企业功能性质定位和行业特点

探索建立全国共享的工资效益联动指标库，完善工资效益联动指标体系。对于主业处于关系国家安全、国民经济命脉的重要行业和关键领域、主要承担重大专项任务的商业类国有企业和公益类企业，应根据企业功能性质定位、行业特点、经营发展特点、承担政府普遍服务职能、履行社会责任等，确定和设置体现产品服务质量、成本控制、营运效率和保障能力等的社会效益指标，如政策性金融类企业设置国有资本布局和结构优化目标完成率、战略性投资任务完成率等政策性任务指标，公益性农业企业设置服务三农、确保种业安全、粮食质量安全等指标，公益性文化企业设置文化产品和服务质量、公益性文化活动数量、文化品牌建设等指标。

对于科技类企业或对科技进步要求较高的企业，可以设置研发投入、科技成果产出、科技成果转化率等体现企业科技研发和创新能力的指标，在计算工资总额时可将研发投入等视同利润加回；对于特殊功能类企业，可以设置重大专项任务完成率、国有资本保值增值率、主营业务收入、成本费用占营业总收入比重等体现企业保障能力、成本控制的指标；对于转型升级任务较重的企业，可以设置成本费用率、项目预算执行偏差率、产品可靠性达成率、总资产周转率、存货周转率、新价值创造等体现转型升级、降本增效的指标；对于初创期企业，可以设置营业收入月度复合增长率、客户获取投资回收期、销售配额、职工平均营收等体现企业发展和盈利潜力的指标。

（三）优化工资总额单列管理，健全工资总额特殊事项管理清单制度

一是优化工资总额单列管理。（1）视情况将部分工资单列项目的适用范围扩大至非科技型企业，规范和细化相关操作流程。例如，对于企业按市场化方式引进的特殊高端人才、各类行业稀缺性人才、阶段性发展急缺人才

等，可参考国家和地方人才引进政策中各类人才的认定标准，向符合条件的人才给予市场化薪酬，或实行年薪工资、协议工资、项目工资；企业人才获得的分红激励、专项奖励等，视情况在工资总额外据实单列或探索设立人才专项基金（如高层次人才引进基金、涉农人才专项基金等）。（2）对于战略性新兴产业、未来产业以及科技型企业等可探索更加灵活的单列支持。例如，就对企业改革创新具有重大影响的科技创新、研发项目等，可以联合科技、国资、人社、财政等部门制定核心技术和项目攻关清单，对列入清单的产品或项目相关人才费用支出，视情况申请部分工资单列；对在科技创新上取得重大成果、在承担重大专项任务等上做出突出贡献的团队或个人，可设置专项分配政策或人才薪酬包等，对应的表彰奖励等据实申请单列支持。

二是健全工资总额特殊事项管理清单制度。当前，该制度中的特殊事项主要为保障国家安全、提供公共服务、发展重要前瞻性战略性产业、实施"走出去"重大战略项目。（1）建立特殊事项管理清单动态调整机制。主要结合国家经济发展战略规划和国有企业改革重点要求，如《国有企业改革深化提升行动方案（2023～2025年）》等，明确特殊事项的类型和内容，区分大类细化管理，建立清单动态调整机制，不断调整和完善特殊事项类别，并视情况将适用范围扩大。（2）完善特殊事项清单兑现管理。建议在核定工资总额时，结合特殊事项完成情况，同口径剔除清单事项。例如，对于处于转型发展期的国有企业，可以建立转型发展期国有企业战略事项清单（如并购亏损企业战略或新业务领域拓展等），在核定工资总额时应剔除该事项产生的效益损失（如造成了人均利润或人工成本利润率下降），发挥收入分配的激励和约束双重作用。

（四）加强国有企业工资分配宏观指导和监督管理，规范工资分配秩序

一是完善国有企业工资分配宏观指导制度。政府应持续完善企业薪酬调查和信息发布制度，提供更加细化的行业和职业薪酬数据，定期发布劳动生产率、人工成本利润率以及国际劳动力市场的薪酬数据等，为企业提供更为

及时的数据服务。同时，完善国有企业工资指导线制度，综合考虑企业战略定位、行业发展、创利能力、人工效率、CPI 增幅等因素，科学设置调控目标，并对不同行业和职位发布具体调控目标值，鼓励企业实施工资对标管理。此外，加强工资管理工作的指导和业务培训，定期开展政策宣传解读和业务实操指导，组织收入分配工作培训，推广优秀企业工资总额管理案例等，提高国有企业工资管理相关人员的专业素养。

二是加强对国有企业工资管理执行情况的监督管理。首先，坚持把落实中央八项规定、守好廉洁底线红线作为工资总额管理的重中之重，强化政府部门对国有企业工资总额预算、动态执行情况、清算的全覆盖和全过程管理，完善工资总额监督检查机制。其次，监管部门应积极开展国有企业工资总额预算执行的过程检查，及时做好预判预警，避免出现工资总额失控现象，确保整体工资总额预算目标的实现。最后，引导国有企业以工资管理作为人力资源管控的重要抓手，加强国有企业人力资源信息化系统建设，做好日常劳动工资统计工作，动态掌握内部人员、结构和工资总额执行情况数据，提高工资管理工作效能。

B.4
提高劳动者报酬份额的税收政策

张学升　于宏斌*

摘　要：　本文立足共同富裕的奋斗目标，以生产税、个人所得税等税收政策为具体切入点，在明确劳动者报酬份额的概念基础上，按照"现实考察—理论分析—实证检验"的思路，分析税收政策与劳动者报酬份额的关系。研究发现，党的十八大以来我国劳动者报酬份额呈现波动上升趋势，其中 2020 年我国劳动者报酬份额最高，为 52.7%。实证分析表明，在控制其他因素后，生产税与个人所得税税负水平的降低对提高劳动者报酬份额均有积极作用。基于此，本文认为，为进一步提高劳动者报酬份额，应适度降低生产税与个人所得税税率，促进初次分配与再分配叠加发力，并充分发挥市场与政府在收入分配中的作用。

关键词：　劳动者报酬份额　生产税　个人所得税

党的二十大报告指出，分配制度是促进共同富裕的基础性制度，构建初次分配、再分配、第三次分配协调配套的制度体系是完善分配制度的重要内容，并要求努力提高居民收入在国民收入分配中的比重，提高劳动报酬在初次分配中的比重。可见，不断提高劳动者报酬份额是实现共同富裕的应有之义，也是中国式现代化的重要内容。然而，对标党的二十大报告所提出的"努力提高劳动报酬在初次分配中的比重"这一重大目标，现阶段尚未超过53%的劳动者报酬份额依然有较大的提升空间。

---

* 张学升，中国劳动和社会保障科学研究院助理研究员，主要研究领域为收入分配与财政理论；于宏斌，中国财政科学研究院硕士研究生，主要研究领域为财政理论与政策。

基于此，本文重在深入探讨并系统分析如何有效提升劳动者报酬份额。依据党的二十大报告提出的"构建初次分配、再分配、第三次分配协调配套的制度体系"的重要论断，本文以生产税（间接税）、个人所得税（直接税）等税收政策为具体切入点，按照"现实考察—理论分析—实证检验"的思路，分析税收政策与劳动者报酬份额的关系，并研判新时代下提高劳动者份额的重要实现途径。以期在新时代下为进一步拓展劳动者报酬份额的影响机制分析夯实理论基础，也为党的二十大报告提出的"构建初次分配、再分配、第三次分配协调配套的制度体系"提供理论阐释。

一 劳动者报酬份额的概念解构及现实考察

（一）劳动者报酬份额的概念解构

国民收入在劳动、资本、土地、知识、技术、管理和数据等生产要素之间的分配构成了初次分配的内容，劳动报酬就是在这一过程中旨在反映劳动这一生产要素的要素回报情况，与资本报酬、技术报酬等相对的收入子项。而劳动者报酬则是从劳动主体的角度来研究与劳动相关联的工资、薪金等收入情况，资金流量表中劳动者报酬正是这一情况的集中反映。正如刘亚琳等[1]所指出，资金流量表只能提供一个粗略的分类，实际上还存在一些细节问题。比如，通过劳动者的技术或者管理才能所获得的收入，可能被计入劳动者报酬；但如果劳动者以技术或者管理入股，带来的收入则计入财产性收入。同时，学界往往利用劳动者报酬来衡量劳动报酬，而无完整意义上的劳动报酬指标。其原因在于在现有统计口径下，无法将劳动者报酬中涉及技术、知识、管理等要素的报酬一并剔除，所以即使劳动

---

[1] 刘亚琳、申广军、姚洋：《我国劳动收入份额：新变化与再考察》，《经济学》（季刊）2022年第5期。

者报酬概念的内涵大于劳动报酬，现有研究依然采用劳动者报酬来定义劳动报酬。此外，本文考虑到，无论是当下倡导的复合型人才培养还是提升劳动者技能水平，都旨在增加劳动者除劳动以外的其他要素的水平，从而提高劳动者收入。并且，工时与劳动强度一直是劳动关系领域所规范的重要内容，单纯通过提升劳动这一要素的"含量"从而提升劳动生产率的思路与构建和谐劳动关系的主旨相悖。基于此，提升劳动报酬在初次分配中的比重中的"劳动报酬"事实上应做广义理解，也即适用劳动者报酬的概念内涵。

概言之，劳动者报酬指的是劳动者因参与生产活动而应获得的全部回报，这既包括以货币形式支付的报酬，也涵盖以实物形式提供的回报。具体而言，劳动者报酬主要包括工资、奖金、津贴和补贴，单位为员工缴纳的社会保险费、补充社会保险费和住房公积金，以及行政事业单位职工的离退休金。此外，还包括单位为员工提供的其他各种形式的福利和报酬等。劳动者报酬份额即劳动者报酬占 GDP 的比重，计算公式为：

$$劳动者报酬份额 = \frac{劳动者报酬}{国内生产总值} \tag{1}$$

（二）近年来我国劳动者报酬份额的演变趋势

党的十八大以来，在党的以人民为中心的民生工作理念的指导下，在经济社会发展总体布局的推动下，市场机制在收入分配中的决定性作用得到了进一步的发挥。与此同时，政府调控指导更加有序，劳动者报酬呈现增长趋势。由图1可知，总体而言，党的十八大以来我国劳动者报酬份额呈现波动上升趋势，其中 2020 年我国劳动者报酬份额最高，为 52.7%，较 2012 年高了 3.3 个百分点。就波动性而言，2012~2016 年、2017~2020 年为两个提高阶段，其中第一阶段提高了 2.8 个百分点，第二阶段提高了 1.0 个百分点，总的来说我国劳动者报酬份额提高幅度有所下降。按照趋势，2021 年大概率处于劳动者报酬份额新一轮提高阶段的伊始，但当年同比 1.1 个百分点的降幅需引起重视。加之后疫情时期的经济增长乏力等不利因素，企业采取裁

员降薪以及技术升级等应对策略，我国劳动者报酬份额或将持续承压，扭转下降趋势进入提高阶段还需从构建初次分配、再分配和第三次分配协调配套的制度体系入手。

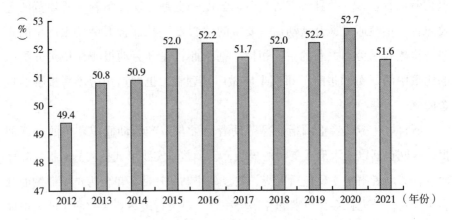

图1　2012～2021年我国劳动者报酬份额情况

数据来源：根据对应年份《中国统计年鉴》中数据计算。

基于此，我国已经进入了迈向第二个百年奋斗目标的历史进程之中，不断提高劳动者报酬份额以及实现共同富裕战略目标的现实紧迫性不言而喻，需要对劳动者报酬份额与税收政策之间的关系进行探究并提供理论与经验证据，这也是本文的边际贡献所在。

二　税收政策影响劳动者报酬份额的理论分析

（一）初次分配与再分配的实现

收入分配格局的最终实现，需经历初次分配和再分配两个过程。初次分配关注的是国民收入如何在劳动、资本、土地、知识、技术、管理以及数据等生产要素间进行分配，如劳动所有者因提供劳动服务而获得劳动报酬（包括工资或工资性收入和社会保险付款），资本所有者因提供不同形态的资本而获得利息、租金或红利等财产性收入，土地所有者因出租土地而获得地租，政府因公共管理职能而对生产、销售与经营活动征收的税收、附加费与其他规费以及提供的生产补贴（作为负生产税处理）。以 2023 年《中国统计年鉴》披露的 2021 年资金流量表为例，初次分配总收入中劳动者报酬占 51.6%，资本所得占 38.0%，而地租和其他要素收入仅分别占 0.9% 和 0.7%，政府所得的生产税净额为 8.7%。

再分配则是指政府在初次分配的基础上，利用税收、社会保障、转移支付等现金或实物转移的方式，对各收入主体之间的生产要素收入进行调节的过程。在这一环节中，税收作为政府参与国民收入分配的最主要和最规范的形式，不仅是财政收入的主要来源，而且在国家治理中扮演着基础性、支柱性、保障性的重要角色。[①] 税收的实施会形成所谓的"税收楔子"，从而对经济增长以及收入分配产生深远的影响。

（二）生产税影响劳动者报酬份额的理论分析

就税收政策分类而言，直接税与间接税因税负能否实现转嫁而异，是税收制度中重要的分类形式。以增值税与营业税为主的生产税是典型的间接税，会对企业的生产、销售等环节发挥调节作用，并且会引致企业以税负转嫁的方式将税收转嫁给居民从而使得居民实际成为税负的最终承担者。[②] 显性的生产税会直接构成初次分配的组成部分，如 2021 年资金流量表中生产税净额占 8.7%，提升税负水平会对劳动者报酬份额形成"直接挤出效应"。

另外，生产税会形成企业的税费负担，加之它具有强制性，会促使企业压减相对具有弹性的人工成本，也即间接税与劳动者报酬份额之间会在企业层面形成替代，从而对劳动者报酬份额形成"间接挤出效应"。基于此，提

[①] 谭珩、方胜、陆逸飞、刘润哲：《健全完善新时代现代化税收制度的认识与思考》，《财政科学》2023 年第 1 期。

[②] 于海峰、葛立宇：《加大税收调节力度 促进全体人民共同富裕》，《税务研究》2023 年第 1 期。

出本文第一个研究假设：

　　研究假设1：降低生产税税负水平有利于提高劳动者报酬份额。

（三）个人所得税影响劳动者报酬份额的理论分析

　　直接税的税负通常难以转嫁，尤其是个人所得税，其税收归宿就是纳税人（劳动者）。个人所得税对劳动者报酬份额的影响机理在于以下方面。

　　一方面，以个人所得税为主的直接税会在一定意义上构成劳动者的劳动成本，从而在劳动者个体层面形成"劳动—闲暇"的替代作用，继而影响劳动者报酬份额。具体而言，如果个人所得税税率较高，劳动者需要支付更多的税款，这可能会降低可支配收入，进而导致减少劳动供给。相反，如果税率较低，劳动者的可支配收入会增加，这可能提升劳动供给，从而增加劳动者报酬份额。此外，个人所得税的累进税率旨在缩小劳动者收入差距，推动实现共同富裕，但它也容易使得高收入群体减少劳动供给或采取分红等财产性收入形式，从而降低劳动者报酬份额。

　　另一方面，个人所得税的征收也会形成收入效应，通过增加劳动供给而提高劳动者报酬份额。个人所得税的征收减少了劳动者的可支配收入，这可能会降低他们的消费水平，提高储蓄水平。当劳动者的收入不足以满足其基本消费需求时，他们可能会选择增加劳动供给，以获取更多的收入来满足消费需求，这一现象在低收入群体中更为常见。此外，个人所得税的征收可能会促使劳动者提高劳动生产率和技能水平，以提高收入，从而提高劳动者报酬份额。

　　可见，个人所得税税负降低所形成的替代效应会提高劳动者报酬份额，而其收入效应则会降低劳动者报酬份额，个人所得税税负对劳动者报酬份额的最终影响取决于替代效应与收入效应的对比。由于我国已经全面建成小康社会，已实现全面脱贫，可推知个人所得税的收入效应相对较小，而替代效应相对较大，因此，提出本文第二个研究假设：

研究假设 2：降低个人所得税税负水平有利于提高劳动者报酬份额。

三　税收政策影响劳动者报酬份额的实证分析

（一）模型构建

由理论分析可知，以营业税与增值税为主的生产税以及个人所得税会对劳动者报酬份额产生重要影响，本部分旨在对这一效应进行实证分析，设定基准模型为：

$$LS_{it} = \alpha_0 + \alpha_1 TAX_{it} + \sum \alpha_j X_{it}^j + \mu_i + \delta_t + \varepsilon_{it} \tag{2}$$

其中，LS 是被解释变量，表示劳动者报酬份额；TAX 是核心解释变量，分别设定为生产税与个人所得税；X 代表控制变量，用以消除异质性经济环境产生的影响；μ 与 δ 分别代表个体与时间固定效应，用以捕捉其他难以度量的地区与时间特征；ε 为随机扰动项。

（二）变量选取与数据说明

1. 变量选取

对于被解释变量劳动者报酬份额（LS）而言，前述已对劳动者报酬的概念进行了总体解构，在此仅给出劳动者报酬份额的核心概念，劳动者报酬份额指的是劳动者因参与生产活动而应获得的全部回报占 GDP 的比重。

对于核心解释变量而言，本文选取生产税与个人所得税作为核心解释变量。

生产税（PDT）指的是政府对生产单位在生产、销售以及经营活动中所征收的各类税费，这些税费涵盖对使用某些生产要素（如固定资产和土地

等）的附加费和其他规费。生产税分为产品税和其他生产税，产品税主要有增值税、营业税、消费税、进口关税、出口税等；其他生产税主要有房产税、车船使用税、城镇土地使用税等。其中，增值税与营业税（2016 年实施全面"营改增"改革后已取消）是生产税的重要组成部分，因此本文以各省份增值税与营业税之和占一般公共预算收入的比重来衡量生产税税负水平。

个人所得税（PIT）是调整征税机关与自然人（包括居民和非居民）之间，在个人所得税征收、管理及其相关过程中所形成的社会关系的法律规范的总称。个人所得税的征税内容是工资、薪金所得；劳务报酬所得；稿酬所得；特许权使用费所得；经营所得；利息、股息、红利所得；财产租赁所得；财产转让所得；偶然所得。本文以各省份个人所得税总额占一般公共预算收入的比重来衡量个人所得税税负水平。

本文选取的控制变量包括：国有化率（SOE），以国有单位职工占就业总人数的比重来衡量；对外开放度（TO），以进出口总额与地区 GDP 的比值来衡量；财政自给度（FS），采用一般公共预算收入与一般公共预算支出的比值来衡量；产业集聚（AGG），采用第二与第三产业从业人员的区位熵指数来衡量。

2. 数据来源与描述性统计

由于我国政府收支分类科目在 2007 年进行了重大改革，改革后的收支口径与之前发生了重大变化，为了保证数据的可比性，本文的数据起始年份定为 2007 年。此外，由于省级 GDP 收入法核算数据在 2017 年后不再披露，为了保证数据的准确性，本文最终选取 2007～2017 年除港澳台与西藏外的 30 个省份面板数据进行实证分析。

本文所有数据来自《中国统计年鉴》《中国人口和就业统计年鉴》《中国财政年鉴》《中国税务年鉴》以及 EPS 全球统计数据库。基于上述分析，本部分涉及指标的基本含义及其描述性统计见表 1。

表1 指标含义及其描述性统计

变量	基本含义	样本量(个)	均值	标准差	最大值	最小值
LS	劳动者报酬份额	330	0.468	0.054	0.620	0.315
PDT	生产税	330	0.368	0.059	0.510	0.226
PIT	个人所得税	330	0.039	0.018	0.118	0.018
SOE	国有化率	330	0.097	0.038	0.225	0.043
TO	对外开放度	330	0.289	0.342	1.557	0.016
FS	财政自给度	330	0.514	0.196	0.951	0.148
AGG	产业集聚	330	0.993	0.235	1.615	0.215

(三)实证检验

1. 生产税对劳动者报酬份额的基准效应

为了分析生产税对劳动者报酬份额的影响,本部分利用式(2)进行模型估计,此时核心解释变量设定为生产税(PDT),结果呈现在表2中。其中,列(1)为仅考虑个体固定效应的估计结果,列(2)为双向固定效应下的估计结果,列(3)为考虑异方差与自相关后的FGLS模型下的估计结果。

表2 生产税对劳动者报酬份额影响的估计结果

变量	(1)	(2)	(3)
PDT	-0.185 ***	-0.194 ***	-0.191 ***
	(-4.149)	(-2.886)	(-3.646)
SOE	-0.537 ***	-0.502 ***	-0.206 *
	(-3.665)	(-3.900)	(-1.702)
TO	-0.039 *	-0.056 ***	-0.027
	(-1.679)	(-2.706)	(-0.679)
FS	-0.187 ***	-0.108 **	-0.050
	(-3.799)	(-1.985)	(-0.746)

续表

变量	（1）	（2）	（3）
AGG	0.026	0.033	0.036
	(0.580)	(0.829)	(1.144)
常数项	0.670***	0.591***	0.493***
	(13.574)	(10.481)	(7.918)
时间固定效应	No	Yes	Yes
个体固定效应	Yes	Yes	Yes
R^2	0.283	0.500	NA
样本量(个)	330	330	330

注：*、**和***分别表示在10%、5%和1%的置信水平上显著，括号内为t统计量，余表同。

列（1）与列（2）考虑了模型中可能存在的个体固定效应与时间固定效应，分别以个体固定效应模型与双向固定效应模型进行估计，且估计结果均显示生产税对劳动者报酬份额产生了显著的负向影响。列（3）在双向固定效应的基础上进一步考虑了异方差这一违反球形扰动项问题，其估计结果也同样支持在控制其他条件下生产税税负水平的降低有利于提高劳动者报酬份额的结论。上述三个模型均表明随着生产税税负水平的降低，劳动者报酬份额会提高。至此，本文研究假设1得证。

2. 个人所得税对劳动者报酬份额的基准效应

为了分析个人所得税对劳动者报酬份额的影响，本部分利用式（2）进行模型估计，此时核心解释变量设定为个人所得税（PIT），结果呈现在表3中。其中，列（1）为仅考虑个体固定效应的估计结果，列（2）为双向固定效应下的估计结果，列（3）为考虑异方差与自相关后的FGLS模型下的估计结果。

表3　个人所得税对劳动者报酬份额影响的估计结果

变量	(1)	(2)	(3)
PIT	-1.252***	-1.897***	-1.897***
	(-4.967)	(-5.761)	(-5.115)
SOE	-0.705***	-0.761***	-0.722***
	(-5.442)	(-5.977)	(-6.578)
TO	-0.076***	-0.107***	-0.087***
	(-3.375)	(-5.051)	(-2.730)
FS	-0.233***	-0.182***	-0.162***
	(-4.694)	(-3.557)	(-2.924)
AGG	0.042	0.040	0.022
	(0.957)	(0.949)	(0.566)
常数项	0.685***	0.687***	0.646***
	(14.013)	(14.293)	(15.384)
时间固定效应	No	Yes	Yes
个体固定效应	Yes	Yes	Yes
R^2	0.299	0.448	NA
样本量(个)	330	330	330

　　表3的列（1）显示，个人所得税对劳动者报酬份额的影响为负，并在1%的水平下显著。列（2）的结果同样显示在其他条件不变的情况下降低个人所得税税负水平会提高劳动者报酬份额。列（3）的结果同样支持降低个人所得税税负水平有利于提高劳动者报酬份额的研究结论。由上述三个模型可知，在其他经济社会条件不变的情况下降低个人所得税税负水平，劳动者报酬份额将提高。至此，本文研究假设2得证。

四　对策建议

　　第一，适度降低生产税与个人所得税税率。本文研究发现，生产税税负水平与个人所得税税负水平的降低会提高劳动者报酬份额。因此，可通过适度降低生产税与个人所得税税率来提高劳动者收入，提高劳动者报酬份额。

一是进一步降低增值税税率。2016年全面推行的"营改增"以及后续简并增值税税率切实降低了企业税收负担,有利于增加劳动者报酬份额。为了进一步减轻企业负担,应进一步简化增值税税率结构,减少税率档次,并降低名义税率。此外,应将更多支出项目纳入增值税抵扣范围,如研发支出、职工教育经费等,并逐步提高抵扣比例或增加抵扣限额。加大结构性"减税降费"力度,为企业提高劳动者报酬奠定基础。

二是优化个人所得税税制设计。进一步提高个人所得税起征点,着力增加低收入群体的可支配收入。适度降低低档个人所得税税率,合理拉大个人所得税档差。应根据经济社会发展、民生支出变化情况,适时调整专项附加扣除范围和标准。同时,优化纳税申报方式,允许纳税人选择以家庭为单位进行纳税申报,充分考虑纳税人家庭情况差异,增加纳税方式的多样性,减轻个人所得税实际税负,让人民群众有更多获得感。此外,还可借鉴深圳对境外高端人才和紧缺人才的个人所得税税收优惠机制,建立急需紧缺人才引进个人所得税税收优惠机制。

第二,促进初次分配与再分配叠加发力。本文研究发现,贯穿初次分配与再分配的税收政策会对劳动者报酬份额产生重要影响。初次分配构成收入分配格局的基石,然而,由于市场机制本身固有的缺陷、非劳动要素参与分配以及其他相关因素的影响,初次分配所形成的差距是显而易见的,需要再分配制度叠加发力。

一是在初次分配层面,充分发挥增值税税收中性的作用,减小增值税对生产经营活动的扭曲力度,减少"无谓损失",充分发挥市场在资源配置中的决定性作用。考虑到增值税留抵退税制度对于打通增值税抵扣链条具有重大意义,应进一步精准识别增值税的进项与销项,对企业申请退税进行及时处理,畅通增值税退税返还链条,增加企业现金流,缓解融资约束,减弱企业压缩人工成本的动机,从而间接增加劳动者报酬。

二是需要增大再分配与初次分配的协调力度,整体推进改革。初次分配的增值税减税需要与再分配的企业所得税加税并行,既有利于实现以生产税为主的税制设计向以所得税为主的税制设计转变,又能避免地方政府因税收锐减而对初次分配中增值税减税形成制约，还能实现对资本征税而非劳动征税的意图，从而全面提升劳动者报酬份额。此外，进一步发挥个人所得税在"提低、扩中、限高"中的有利作用，规范收入分配秩序，提振劳动者劳动收入预期。

第三，充分发挥市场与政府在收入分配中的作用。本文的研究表明，市场与政府在初次分配中都发挥了重要作用。为了进一步提高劳动者报酬份额，应进一步发挥市场的决定性作用，更好发挥政府的作用。

一是充分发挥市场的决定性作用。市场在资源配置中具有决定性作用，是供求关系以及价格形成的决定性力量。应减少税收对劳动力资源配置的过度干预，以减税促进要素自由流动，推动全国统一大市场建设，从而加强劳动力市场的竞争，强化劳动力的流动性和灵活性，促使企业提高工资水平和福利待遇，更好适配劳动生产率。

二是更好发挥政府的作用。由于市场机制的不完善以及市场失灵的存在，提高劳动者报酬份额需要更好发挥政府的作用。进一步优化税制设计，完善地方税体系，增加低税收地区可支配财力，增强减税政策的空间联动性与地区协调性，切实保障减税政策落实落地。此外，增强宏观政策的协调性，在减税的同时加强对劳动者的技能培训和教育，提高劳动者的素质和技能，增强其市场竞争力。综合推进户籍制度改革、财税体制改革，最大限度地发挥不同调控政策工具提高劳动者报酬份额的合力。

B.5
加班工资争议中的若干特殊情形

梁 曼*

摘 要： 加班工资属于劳动报酬，涉及劳动者的休息权和经济收益等切身利益，关系企业的用工成本和管理模式，是劳资双方利益分配的重要形式。随着劳动者的法律意识不断增强，加班工资争议数量不断攀升、请求金额巨大；同时，由于各行各业的用工模式不尽相同，企业的管理方式更加多样化、灵活化，加班工资争议出现了新的审理难点。本文针对传统行业中"灰色时间"是否认定为工作时间，提出目的性、受控性、相关性、劳动强度四个审查原则；针对特殊行业中"约定加班"的效力问题，提出行政审批、双方合意的审查方向，以及依约核算加班工资的特殊方式；针对新形势下"线上加班"的界定问题，提出从双方协商、实质性工作等方面进行确认，在制度规范、证据留存等方面给出建议。

关键词： 加班 加班工资 工作时间

一 引言

19 世纪 80 年代，工人阶级的罢工运动推动了"八个小时工作制"的诞生；在全球化的背景下，为了与国际劳工标准接轨，我国逐步将每周工作时间调整为 40 个小时并最终在《劳动法》中将之界定下来，为劳动者的工作和休息划定了界限。在实际生产经营中，劳动者的工作时间与休息时间并不

---

* 梁曼，北京市通州区劳动人事争议仲裁院三级主任科员、副庭长、仲裁员，主要研究领域为劳动关系认定、工资纠纷、劳动关系解除等。

是黑白分明的，其中备岗、待命、值班等"灰色时间"如何界定一直是劳动争议审理中的难点。除此之外，轮班制、夜班制、周末工作制、包薪制中"约定加班"和加班工资打包支付的模式，在我国制造业、批发零售商贸业和社会服务业的企业中普遍存在①，但上述模式的效力认定和加班工资核算存在很大争议。同时，网络技术的发展和新冠疫情一度肆虐使得居家办公、线上办公成为趋势，劳动者工作时间与休息时间的进一步融合、重叠，加大了加班认定的难度。

着眼于未来科技高速发展情境下企业经营方式的多样化，劳动者工作时间的弹性化与灵活化已无可回避。如何更加公平公正地界定工作时间并核算加班工资数额、更好地平衡双方利益，在没有明确法律规定的情况下，已经成为劳动争议审理人员的重大困惑。

二　北京市某区加班工资纠纷现状

笔者统计的北京市某区劳动人事争议仲裁委员会 2019～2021 年受理的案件中，每年劳动者要求支付加班工资的请求项目数量，仅排在一般工资之后，占劳动报酬争议请求事项总数的 11%～14%（如图 1 所示）。可见，"八个小时工作制"早已深入人心，劳动者对休息权的重视程度空前高涨，似乎在通过讨要加班工资，彰显其努力向用人单位争取平等地位的姿态。另外，用人单位为私有企业和有限责任公司的争议案件数量最多，加班工资请求项目数在劳动报酬争议请求事项总数中的占比也最大，外商企业和港澳台投资公司的这一占比相对较小。综合该区目前的产业结构和企业特征来看，在用人单位重视劳动者平等地位，以及用工管理规范化、制度化方面还有待加强。

三　三种特殊情形的加班认定

通过对北京市某区加班工资争议处理的调查，笔者总结了审理中对

---

① 曾湘泉、卢亮：《标准化和灵活性的双重挑战——转型中的我国企业工作时间研究》，《中国人民大学学报》2006 年第 1 期。

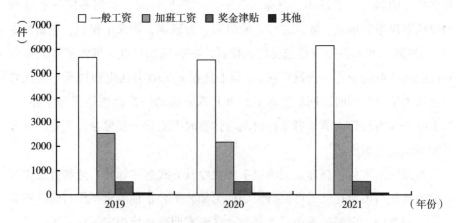

图1　北京市某区劳动报酬争议各大项案件受理数量对比

数据来源：北京市某区劳动人事争议仲裁委员会案件数据管理系统。

"灰色时间""约定加班""线上加班"三种特殊情形的（加班）认定，通过查阅相关法律文书、对比各地裁审规则，引用案例等方式，对工作时间认定、加班工资核算等方面提出思路和建议。

（一）"灰色时间"的加班认定

加班，顾名思义，就是在正常工作时间之外增加工作时间。因此，要认定加班时间，先要界定正常工作时间。《中华人民共和国劳动法》第三十六条仅规定了劳动者每日工作时间不超过8个小时、平均每周工作时间不超过44个小时，未明确如何统计上述时段的起止状态。当然，因行业不同、岗位不同，该问题无法同一而论。界定工作时间实质上是划分工作与休息的时间边界，"此边界的扩张与限缩则表征着劳资之间的利益分配"[①]。一般情况下，用人单位会在规章制度中明确每天具体出勤时间，但同时部分用人单位也会有特别要求，比如某些接待类岗位要求员工在进入工作时间时已经做好一切准备并进入工作状态，即做好备岗工作。这里的备岗时间则成为休息时

---

① 王天玉：《工作时间基准的体系构造及立法完善》，《法律科学（西北政法大学学报）》2016年第1期。

间和工作时间之间的"灰色时间",类似的"灰色时间"还有工作中的用餐、收尾、值班等。

笔者在"中国裁判文书网"中分别以"备岗""用餐时间""收尾""值班""待命"为关键词,检索 2018~2022 年北京市要求支付加班工资的劳动争议案件,相关判决对上述状态是否认定为工作时间一般会遵循以下几个原则。

一是目的性。上述状态是否系劳动者为了完成劳动合同约定义务或为了实现用人单位的经济效益而不得不付出的时间。二是受控性。是否为在用人单位的指令、安排下从事的活动,劳动者在上述活动中多大程度地脱离自由状态而受控于用人单位的管理。三是相关性。劳动者在上述时间内从事的活动是否为劳动合同约定的工作内容,与劳动者正常工作时间的工作内容有多大程度的相关性。四是劳动强度。考虑劳动者的工作密度,是否可以休息等。

1. 上下班途中、备岗、收尾

劳动者在上下班途中花费的时间,虽然是为了完成劳动合同约定义务而付出的休息时间,但用人单位多以上述时段无法直接给企业带来经济效益,而不愿将之计算为工作时间,但对于劳动者在上下班途中的金钱付出,用人单位也会以提供交通补助或直接提供班车等方式抵扣部分成本。《工伤保险条例》第十四条第六项关于上下班途中工伤认定的规定,体现了对劳动者在该时段内人身安全保障方面的考虑。另外,劳动者也可以自行选择居所地点来控制上下班途中所花费的时间。因此,在审理实务中,一般不将之计算为工作时间。但备岗和收尾是和劳动者正常工作内容具有较强相关性的工作,是岗位工作的预备或延续,因此备岗和收尾时间一般会被计算在工作时间之内。

2. 工作中的用餐时间

劳动者在工作的中间时段用餐,保证下半段能以充沛的体力和精力提供劳动,既是劳动者本人的生理需要,也具有为提高用人单位经营效率的目的性,因此相关争议较大。判断的关键在于该用餐时间是否可以由劳动者自行

支配，也就是受控性，比如是否可以外出就餐、逛街，或者午睡等。部分用人单位会在规章制度中明确具体的工作时段和休息时段，同时明确用餐时段不属于工作时间，此种情形下，经审查劳动者实际上确实可以自由活动，这样的用餐时间一般不认定为工作时间。但某些特定工作岗位中，劳动者在用餐时段的自由支配度很低，比如生产工作不容间断、当班员工相互调剂在工作中就餐等，此类短暂中断的用餐时间如被约定或者规定为休息时间，有可能就会被认定无效，这样的用餐时间就应当计算为工作时间。

3. 值班、待命

值班时间、待命时间是工作与休息之间的重叠或过渡状态。劳动者根据用人单位的指示或合同的约定从事相关活动，过程中接受用人单位的监督或指挥。在值班或待命状态下，劳动者个人自由支配时间受到限制和约束，并且或多或少为用人单位提供了能直接创造利益的劳动，有些值班工作与劳动者正常工作时间的内容一致，或待命状态与工作状态随机性很强，工作时间难以统计。

《关于企业实行不定时工作制和综合计算工时工作制的审批办法》（劳部发〔1994〕503 号）《〈国务院关于职工工作时间的规定〉问题解答》（劳部发〔1995〕187 号）《北京市企业实行综合计算工时工作制和不定时工作制的办法》（京劳社资发〔2003〕157 号）规定了非生产性值班岗位的劳动者，可以不实行标准工时制度而实行不定时工作制。但现实情况是，很多用人单位并未对相关岗位进行特殊工时的申报及审批程序，导致仲裁委或法院无法按照特殊工时核算工作时间，若按照标准工时核算则会明显有失公平；审理中一般参照中高级法院、仲裁委的会议纪要、指导意见等进行认定。例如，北京市劳动和社会保障局、北京市高级人民法院发布的《关于劳动争议案件法律适用问题研讨会会议纪要》（2009 年 8 月 17 日施行）第 22 条第 2 款规定①，用人单位出于一些特殊的需要如基于安全、消防、节假日等，安

---

① 该会议纪要虽于 2024 年 4 月 30 日起不再执行，但同日施行的《北京市高级人民法院、北京市劳动人事争议仲裁委员会关于审理劳动争议案件解答（一）》保留了该条款内容。

排劳动者从事一些与其本职工作关联不大的值班任务，或者用人单位安排的值班任务虽然仍然在劳动者原工作岗位上，工作任务也与原岗位相同，但值班期间劳动者可以休息的，劳动者要求支付加班工资的，法院不支持，但是可以参考劳动合同、集体合同、规章制度的内容要求用人单位支付相应待遇。

上述规定还考虑到劳动者在值班和待命状态下的劳动强度，事实上，用人单位在核算劳动报酬时，还要考虑岗位的专业性需求。例如，交警执勤、医生值班等，劳动者的专业性强，工作强度大，岗位的社会需求性强；而公寓楼管、保安、门卫等，对劳动者的专业要求较低，工作强度一般不大；消防、电工、救护车医生等岗位中劳动者需要具备一定的专业知识，但工作强度较低，且用人单位多提供休息条件，待命时间可以休息。另外，还有某些用人单位在休息日或法定假日安排劳动者执勤或值班，与劳动者的岗位工作没有任何关联。

对于工作任务与原岗位相同、工作性质特殊的岗位，案件处理中在核算报酬时，通常会考量这些岗位在确立工资标准时是否考虑了岗位的特殊性，而劳动者对该工资标准无异议或者理应知晓其工资标准包含相应的值班报酬，则用人单位可不再支付额外的值班报酬。对于医生、护士等特殊岗位的值班，虽然用人单位不会视为加班，但在核算报酬时则会以金额较高的奖金、补助等形式对该类人员无法正常休息进行弥补。对于在特殊时期临时安排的应急突发事件的值班，劳动者所获取的报酬可以归类为津贴属性。

（二）"约定加班"的认定

互联网企业实行"996工作制"近几年在全国引发热议，因其超时加班问题违反了工作时间基准性规定，一度将劳动法规实行问题推向舆论中心。在从公法救济角度出发的热烈讨论中，也有学者开始探讨其中折射的私法层面的效力问题。事实上，很多用人单位与劳动者就超长的工作时间已经达成一致，可称之为"合意性996工作制"[1]，这意味着劳动者接受超时工作时

---

[1]　张欣悦：《从"996工作制"透视超时加班的合意效力》，《山东工会论坛》2020年第3期。

间为正常的工作时间，用人单位进而主张免于支付加班工资，这一约定是否有效在审理实务中存在争议，与该问题一脉相承的还有轮班制、夜班制、包薪制的效力问题。当然，部分用人单位在设置轮班制、夜班制岗位时会申请特殊工时的行政审批；没有申请行政审批的岗位，若按标准工时进行工作时间的认定，则可能导致统计出大量的延时加班和休息日加班，加班工资的支持金额会使劳动者所得远远超过其岗位的平均水平，明显缺乏公平性。通过对此问题的多次研讨，并借鉴各地审理经验，笔者总结出以下认定原则。

一是是否申请特殊工时行政审批。如果用人单位就劳动者所属岗位申请了特殊工时审批，则按照相关规定核算工作时长。例如，实行综合计算工时工作制的劳动者，综合计算周期内的总实际工作时间超过总法定标准工作时间的部分，应视为延长工作时间并按《中华人民共和国劳动法》第四十四条第一款的规定支付劳动报酬。

二是对超时工作是否达成合意。若用人单位未进行特殊工时行政审批申请，对于岗位确实有综合计算工时或不定时计算工时特点的，或依据标准工时计算加班工资等具有明显不合理性的，或工作时间无法根据标准工时进行计算统计的，则考虑双方是否就超时工作进行约定。从"八个小时工作制"的产生过程来看，《中华人民共和国劳动法》第三十六条规定的标准工时制目的在于为劳动者创造一个工作、生活相互平衡的适宜环境。可以理解为，劳动标准的设定是保障劳动者具有正常个人生活，因此双方事先约定超出标准工时的工作时长并非必然无效，或者说如果超时工作约定有利于劳动者，则劳动者可以主张约定有效。需要注意的是，《中华人民共和国劳动法》第四十一条以保护劳动者健康权为目的规定了最高加班时数，即使双方就超过最高加班时数的工作时长进行了约定，劳动者仍然有权拒绝。

三是每月薪资是否对应约定的工作时长。即使劳动者对于超出最高加班时数后的工作要求具有拒绝权，但是当劳动者继续加班时，他仍有权要求用人单位提供加班工资，但在确认加班工资基数时，应考察双方是否约定劳动者的工资中已包含加班工资。

（1）以"996工作制"和轮班制为代表的模式。用人单位一般会在劳动者入职时向他明确固定工作时长对应的固定工资数额。例如，某企业安排某职工每天工作 10 个小时、每周工作 6 天，约定上述工作时间对应月固定工资 9000 元，即他每月获得 9000 元收入需每天工作 10 个小时、每周工作 6 天；此种情形下，日工资可计算为 9000/26 = 346.15 元/日，小时工资计算为 346.15/10 = 34.62 元/小时。只要双方约定的工资基数并未低于同期当地企业职工最低工资标准，即可认定双方已约定实行固定工作时长对应固定劳动报酬的用工模式，即在企业发放约定工资后，可认为企业已就该职工所有实际工作时长支付过 1 倍工资。按照相关法律规定，用人单位安排劳动者延时加班的，应支付不低于工资 1.5 倍的加班工资；安排休息日加班又不能安排补休的，应支付不低于工资 2 倍的加班工资。因此，在上述情形下的延时加班，仅需核算剩余 0.5 倍的加班工资，对于休息日加班仅需核算剩余 1 倍的加班工资。事实上，南京市中级人民法院、南京市劳动争议仲裁委员会联合制定的《关于加班工资纠纷审理的若干法律适用意见》（宁中法〔2009〕213 号）第十二条已对此做出规定：如用人单位与劳动者在劳动合同中约定每周 6 天工作制和相应的工资标准，且按法定工作时间计算该工资标准不低于当地最低工资标准，并已实际履行的，可以认定用人单位已支付了休息日 1 倍的工资。

（2）以包薪制为代表的模式。包薪制直接约定或推定将加班工资固定包含在实际工资中，是对加班工资的一次性固定给付，而不是依据加班时数实际给付。《中华人民共和国劳动法》第四十七条规定："用人单位根据本单位的生产经营特点和经济效益，依法自主确定本单位的工资分配方式和工资水平。"生产实践中，某些行业确实存在需要劳动者连续工作的特殊性，但又无法预测具体加班时长，用人单位会根据企业自身特征，与劳动者协商确定工资分配方式。

例如，北京市某区劳动人事争议仲裁委审理的一起包薪制加班工资争议案件中，某教育公司主营艺术类高考培训，每年 5 月至次年 2 月为教学旺季，该公司每月根据学生需求情况整体协调课程进度，存在安排教学岗老师晚上上课的情况；为了便于计算加班工资，公司与教学岗老师约定采用旺季

加班包薪制的计薪方法，旺季包薪范围内的工作时间为 8：30~12：00、14：00~17：00、18：30~21：40，并在执行包薪制月份的钉钉考勤中，将上述工作时间统一设置为"正常"上班状态，将除此之外的晚自习值班、补课小组上课、私教课上课时间，约定为非包薪内的加班时长，加班审批后在钉钉内按照"加班"方式打卡。

通过检索国内省级或直辖市的裁审规则发现，部分省市直接认可约定加班工资打包支付，部分省市虽未明确规定，但在没有书面约定的情况下，给予用人单位举证机会，如果用人单位能够举证证明已支付的工资中包括加班工资，则认为有效。例如，北京市高级人民法院、北京市劳动争议仲裁委员会发布的《关于劳动争议案件法律适用问题研讨会会议纪要》（2009 年 8 月 17 日施行）第 23 条规定①：用人单位与劳动者虽然未书面约定实际支付的工资是否包含加班工资，但用人单位有证据证明已支付的工资包含正常工作时间工资和加班工资的，可以认定用人单位已支付的工资包含加班工资。但折算后的正常工作时间工资不得低于当地最低工资标准。上述规则实际上利用工资外延不清的情况，模糊了加班费的计算基准，但也是对加班包薪的侧面认同。

上述案例中，教学岗老师刘某于在职 10 个月期间，一直按照钉钉系统内明示的打卡规则打卡记录考勤，该教育公司提交的证据能够证实其每月工资中已包含加班工资，经核算不低于法定标准，故在仲裁阶段未支持刘某要求支付延时加班工资的请求。

依据《中华人民共和国劳动法》第四十八条规定的最低工资保障制度，核算后的正常工作时间工资应不得低于当地最低工资标准。但值得注意的是，对于劳动密集型岗位，劳动者的工资结构往往只有两项——基本工资和加班工资，许多用人单位支付给劳动者的加班工资占每月工资总额的 2/3 以上，劳动者的加班时长是否充足直接影响其当月收入。因此，对于基本工资

---

① 2024 年 4 月 30 日施行的《北京市高级人民法院、北京市劳动人事争议仲裁委员会关于审理劳动争议案件解答（一）》的第 56 条第 3 款亦有此规定。

设置偏低的，是否可以借鉴上海市高级人民法院司法指导意见的经验，确定一个统一的"正常工作时间工资数额"与劳动者全部工资数额的合理比例，值得进一步探讨。

（三）"线上加班"的认定

随着工业向服务业转化的产业结构调整，社会分工体系及劳动用工形态发生重大变化，尤其是在网络技术发展的推动下，传统的、典型的生产方式和工作制度逐步向弹性化、非典型化的方向演进。在此背景下，劳动者在下班后虽脱离了工作地点的束缚，但仍可以进行线上工作，随时准备接受用人单位的安排。加上疫情期间尽量减少人员聚集，使得居家办公、线上办公更加普遍。不少劳动者抱怨，居家办公让自己从8个小时在岗变成了全天在线；而用人单位对此也充满困惑，劳动者脱离了在物理空间上的管理，工作与生活混同，用人单位难以对他进行实时监管，导致其正常工作时间的工作效率很低，更不要说所谓的"加班时间"。的确，居家办公、线上办公虽然带来了灵活性，但也将工作时间与休息时间的边界进一步模糊，工作时间碎片化、非连续化为统计工作时长带来了许多困难。这里，我们先来讨论以下两种情形。

1. 双方提前约定工作时间、工作任务

对于较长时间的居家办公，劳动者的工作内容与正常出勤时基本一致的，用人单位一般会与劳动者提前确定每天办公时间，并根据平时情况安排适量的工作任务，具备线上打卡条件的用人单位也可以进行考勤记录。此种情形下，居家办公仅是工作场所发生了改变，案件审理中仍应考察用人单位是否安排超时加班，或者劳动者是否申请加班并经用人单位审批同意。

2. 用人单位临时布置线上工作任务

对于临时性的居家，或在离开办公场所可开展的工作有限的情形下，劳动者居家的工作密度较小，如按照正常出勤计算工作时长不具备合理性。在举证方面，劳动者一般会提交微信聊天、邮件往来，或通话时长证明其提供劳动情况，内容多为用人单位布置任务、其提交劳动成果的记录。经检索法

律文书，法院一般会以居家期间未严格区分工作日与休息日，或居家办公的天数较少未超出相关法律规定的每月工作时间上限，或"通话时长"不能体现系基于工作加班、聊天内容无法体现加班时长等，认为劳动者关于加班时长的主张不明确、依据不足而不予采纳。

因此，对于"线上加班"的认定，审理中需要把握以下几个原则。一是双方提前协商确定工作时间的情形下，审核劳动者"加班"行为是否在规定的工作时间之外、是否由用人单位另行安排或经用人单位审批同意。二是劳动者主张加班的时段内其工作是否具有实质性、连续性，是否影响正常休息。若劳动者因未能提交充足证据导致无法统计工作时长，则他自己应承担不利后果。建议用人单位依法制定线上办公或居家办公的加班管理制度，明确加班的认定标准和申请程序，提前向劳动者送达，避免因此出现矛盾。劳动者对用人单位安排的超时工作，提前与用人单位明确是否属于加班，同时做好证据留存。

四　结语

一般来说，劳动者希望通过加班获得更高的收入，用人单位希望通过加班获得更高的收益。在工作时间碎片化、企业用工模式灵活化的今天，兼具公法和私法性质的劳动法，既要保障劳动者的人身健康和休息权，又要兼顾企业的发展。因此，如何在新情况新问题中平衡双方权益以保障社会、经济平稳运行，还需要进一步的深入探讨。

区域篇

B.6

吉林省最低工资标准调整评估[*]

中国劳动和社会保障科学研究院课题组[**]

摘　要： 本文依据宏观经济数据、工会部门开展的劳动密集型企业及其员工专项调查数据，分析了吉林省最低工资标准调整状况，考察了最低工资标准调整对劳动者、企业的影响。数据分析表明，最低工资标准调整有效推动了劳动密集型行业劳动者薪资调增，且通过传导机制助力部分劳动者薪酬水平提升，同时多数企业支付非全日制用工劳动者工资时参考最低工资标准；最低工资标准调整对企业成本的影响总体可控，企业关注并认可最低工资标准的正面效应。从区域协调角度而言，吉林省最低工资标准仍有提升空间。进一步，多数劳动者认为最低工资标准应该每两年至少调整一次，且应该考虑物价因素，认可调整幅度在 5%~10% 区间的劳动者居多；此外，劳动者

---

* 本文为中华全国总工会权益保障部委托课题"地区最低工资标准宏观指导研究"子报告的部分成果，课题研究中，中华全国总工会权益保障部、吉林省总工会给予了积极指导与大力支持，在此一并感谢。

** 课题组成员：贾孟媛，中国劳动和社会保障科学研究院助理研究员，主要研究领域为劳动关系；赵碧倩，中国劳动和社会保障科学研究院副研究员，主要研究领域为劳动关系；贾东岚，中国劳动和社会保障科学研究院副研究员，主要研究领域为工资收入分配和劳动关系。

最看重最低工资制度的保障基本生活功能，总体对该项制度的满意度偏低。因此，为了优化最低工资标准调整，吉林省应当尽力而为、量力而行地考虑多方因素，适时、合理调整最低工资标准，积极发挥最低工资制度的增收作用。

关键词： 吉林省　最低工资标准　劳动者　劳动密集型企业

科学、合理地调整最低工资标准，有利于保障低收入劳动者的劳动报酬权益、促进收入分配秩序进一步理顺。2023 年，受多方面因素影响，吉林省有关部门审时度势、暂缓调整最低工资标准。① 在此背景下，本文依据宏观经济数据、工会部门开展的劳动密集型企业及其员工专项调查数据，分析了吉林省最低工资标准调整状况，考察了它对劳动者、企业的影响以及吉林省与经济发展相当地区最低工资标准的协调情况，并分析了劳动者对最低工资标准调整的意见，以期科学评估吉林省当前最低工资标准调整，为合理平衡企业和劳动者之间的利益关系提供依据。

一　吉林省最低工资标准调整情况

（一）近年来最低工资标准调整缓慢

从吉林省最低工资标准调整频率来看，2010~2013 年每年调整最低工资标准，2014 年开始，吉林省改为每两年调整最低工资标准。但 2018 年以来，受经济增速放缓等多方面因素影响，吉林省最低工资标准调整缓慢，仅2021 年调整过一次最低工资标准。截至 2024 年 3 月初，最后一次调整实施

---

① 吉林省上次调整最低工资标准的时间是 2021 年 9 月 30 日，此次调整的最低工资标准执行期为 2021 年 12 月 1 日至下一个调整日。

后已有 30 个月未调整。从增速来看，2010~2023 年，吉林省最低工资标准年均增速为 6.5%。其中，2010~2013 年最低工资标准年均增幅为 17.5%，受调整放缓因素影响，2014~2023 年全省最低工资标准年均增速仅为 3.8%（见图 1）。

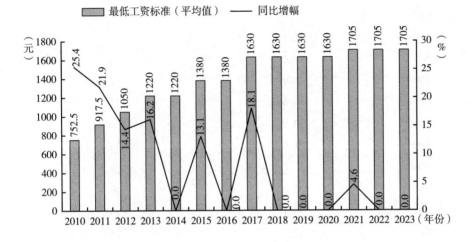

图 1　2010~2023 年吉林省最低工资标准变动情况和同比增幅

注：最低工资标准为全省平均值，数据来源为吉林省人社厅网站。

（二）最低工资标准相对值变动值得关注

根据吉林省统计局数据计算，2010 年以来，吉林省最低工资标准（考虑了个人社保缴费最低额的口径）与私营单位和非私营单位从业人员平均工资的比值整体上呈先升后降态势，尤其是自 2017 年以来，两个相对值开始持续逐年下降。最低工资标准与私营单位、非私营单位从业人员平均工资的比值 2022 年分别降至 42.7% 和 23.5%（见表 1）。

表1　2010~2023 年最低工资标准与平均工资的比值情况

单位：%

年份	最低工资标准/ 私营单位从业人员平均工资	最低工资标准/ 非私营单位从业人员平均工资
2010	53.3	31.1
2011	56.6	32.8
2012	57.4	32.8
2013	60.4	34.2
2014	56.0	31.5
2015	59.6	32.1
2016	54.9	29.5
2017	58.9	31.8
2018	55.8	28.5
2019	52.0	26.5
2020	46.4	25.1
2021	42.7	24.6
2022	42.7	23.5
2023	39.5	22.1

注：2023 年数据依据 2018~2022 年平均增速预测。

（三）最低工资标准实际增长滞后于人均 GDP

总体来看，过去十余年间吉林省最低工资标准增长略慢于本地区人均 GDP，且存在阶段性差异。数据显示，2010~2023 年，最低工资标准实际增速较人均 GDP 增速慢 2.24 个百分点。其中，2010~2015 年，吉林省最低工资标准实际增速略快于本地区人均 GDP 增速 0.52 个百分点，而 2016~2023 年，最低工资标准实际增速滞后于人均 GDP 增速 3.14 个百分点（见表2）。

表 2 不同时期最低工资标准实际增速与人均 GDP 增速比较

单位：%，个百分点

时期	人均 GDP 平均增速	最低工资标准平均实际 增速（扣除物价因素）	差额
2010~2015 年	9.24	9.76	0.52
2016~2023 年	4.53	1.38	-3.14
2010~2023 年	6.53	4.29	-2.24

注：2023 年吉林省人均 GDP 根据 2023 年吉林省前三季度 GDP 之和计算。

二　最低工资标准调整对劳动者的影响

（一）最低工资标准保障低收入群体家庭的基本生活情况

根据我国现行《劳动法》《最低工资规定》的有关规定，最低工资标准是劳动者个人及其家庭成员的基本生活保障，这是最低工资制度设立最基本的功能定位，因此评估最低工资标准实施情况，首先应关注制度在保障低收入群体基本生活方面的情况。数据显示，吉林省最低工资标准可基本保障低收入群体"衣食住行"的基本支出。考虑到近年来医疗和教育支出增速较快，"保基本"的口径应逐步扩大，吉林省最低工资标准应考虑合理提高，确保低收入群体提高获得感。

1.一线劳动者家庭收不抵支问题突出，在一定程度上影响消费潜力

根据吉林省总工会 2023 年 11~12 月组织的最低工资标准实施情况问卷调查数据①，47.21%的被调查对象家庭收支基本相当，40.12%的被调查对象家庭收入小于支出，收不抵支，仅 12.67%的被调查对象家庭收入大于支

---

① 为了做好最低工资标准调整评估工作，加强最低工资标准调整对企业影响的分析，吉林省总工会于 2023 年 11~12 月对吉林省 9 个地区 699 户企业和 4429 名劳动者开展最低工资标准实施情况问卷调查。该调查集中在受最低工资标准调整影响较大的劳动密集型行业，具体包括制造业、住宿餐饮业、批发零售业、建筑业、居民服务修理和其他服务业 5 个行业。

出，有一定结余（见表3）。由此可以看出，大部分的劳动密集型企业被调查对象对自己的收入现状不太满意，收入低在一定程度上抑制了消费潜力。

表3　被调查对象家庭每月收入支出情况

选项	数量（个）	占比（%）
收支基本相当	2091	47.21
收入小于支出，收不抵支	1777	40.12
收入大于支出，有一定结余	561	12.67

在家庭收不抵支的被调查群体中，全日制劳动者每月到手工资收入在2000元以下的占12.6%，2000~3000元的占37.0%，合计49.6%的全日制劳动者每月到手工资收入不足3000元（见表4）。

表4　家庭收不抵支群体中全日制劳动者每月到手工资收入分布情况

月到手工资水平	数量（个）	占比（%）
2000元以下	210	12.6
2000~3000元	617	37.0
3000~4000元	493	29.5
4000~5000元	255	15.3
5000~6000元	68	4.1
6000~7000元	12	0.7
7000~8000元	5	0.3
8000~9000元	3	0.2
9000~10000元	2	0.1
10000元以上	4	0.2

在家庭收不抵支的被调查群体中，42.1%的家庭平均每月衣食住行通信等基本消费支出在3000元以下（见图2）。

2. 一线劳动者家庭中教育支出和医疗支出压力较大

根据调查数据，2023年一线劳动者家庭平均教育支出为15000元，平均医疗支出为7712元。两项支出在收不抵支的被调查家庭中水平更高，分

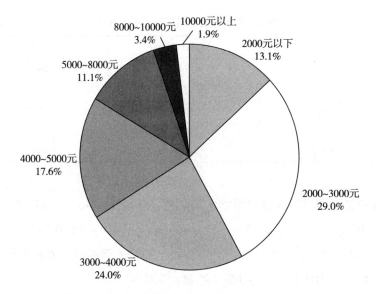

图 2 收不抵支家庭中每月基本消费支出分布情况

别为 19347 元和 10369 元，平均每月分别为 1612 元和 864 元，两项合计为 2476 元，说明这些收不抵支的家庭中教育和医疗支出水平偏高，相应抬高了家庭生活支出水平。这一数值已超过了当地最低工资标准，如果包含衣食住行等四项基本生活费用，当前最低工资标准不足以维持一线劳动者家庭的生活需求。

（二）受最低工资标准调整直接影响的劳动者特征

受最低工资标准调整影响较多的人群中，高中、中专或技校及以上学历背景人员占比较高。同时，年龄在 31~50 岁的员工受到最低工资标准调整的影响较大。受到最低工资标准调整影响的女性员工占比高于男性。无技能员工受到最低工资标准调整的影响较大。

劳动密集型劳动者问卷调查结果显示，在受最低工资标准调整影响的员工中，有 13.82% 的员工学历为初中，有 27.70% 的员工学历为高中、中专或技校，有 29.60% 的员工学历为大学专科，有 28.22% 的员工学历为大学本科及以上（见表 5）。

表5　受影响员工不同学历分布情况

学历	数量(个)	占比(%)
大学本科及以上	1250	28.22
大学专科	1311	29.60
高中、中专或技校	1227	27.70
初中	612	13.82
小学及以下	29	0.65

在受最低工资标准调整影响的员工中，年龄31~40岁、41~50岁的员工占比较高，分别为37.2%、37.1%，其次是21~30岁的员工，占比13.4%，年龄20岁及以下和年龄60岁以上的员工受最低工资标准调整的影响相对较小，占比合计不足1%（见表6）。

表6　受影响员工不同年龄段分布情况

年龄段	数量(个)	占比(%)
20岁及以下	14	0.3
21~30岁	594	13.4
31~40岁	1647	37.2
41~50岁	1643	37.1
51~60岁	515	11.6
60岁以上	16	0.4

在受最低工资标准调整影响的员工中，女性占比57.69%，男性占比42.31%（见表7），说明女性员工受到最低工资标准调整的影响大于男性。

表7　受影响员工不同性别分布情况

性别	数量(个)	占比(%)
女	2555	57.69
男	1874	42.31

在受最低工资标准调整影响的员工中，初级、中级和高级技能员工占比相对较小，分别为 22.01%、11.31% 和 5.06%，而无技能员工占比相对较大，为 61.62%（见表 8），说明无技能员工受最低工资标准调整的影响相对较大。

表 8　受影响员工不同职称分布情况

职称	数量（个）	占比（%）
无职称/技能等级	2729	61.62
初级工、初级职称	975	22.01
中级工、中级职称	501	11.31
高级工、高级职称	224	5.06

（三）最低工资标准调整对劳动者薪酬的影响

1. 最低工资标准调整有效推动了劳动密集型行业劳动者薪资调增

企业问卷调查结果显示，近半数（47.93%）企业平均 1~2 年调整一次工资标准，还有 8.73% 的企业平均不到 1 年就调整一次工资标准。不少企业在调整工资时，关注最低工资标准调整因素。企业问卷调查结果显示，按重要性降序排列，企业在调整工资时考虑的因素依次为物价上涨、最低工资标准提高、行业平均工资上涨、企业经济效益提高（见表 9）。

表 9　企业在调整工资时考虑的因素重要性分布情况

选项	综合得分
物价上涨	2.87
最低工资标准提高	2.52
行业平均工资上涨	2.28
企业经济效益提高	1.72

注：某一因素的重要性综合得分越高，选择这一因素排在前面的就越多。

劳动者问卷调查结果有所不同。30.1% 的劳动者基本工资没有调整过，27.7% 的劳动者平均 1~2 年调整一次基本工资，分别有 13.7% 和 21.5% 的

劳动者基本工资 2~3 年和 3 年以上调整一次。仅有 7.0% 的劳动者基本工资不到一年调整一次。

劳动者问卷调查结果还显示，所在企业在调整工资时，按照重要程度排序的前三调整时机分别是：每年年初或其他定期、最低工资标准调整时、调岗或调级时（见表 10）。其中，有 52.83% 的劳动者表示，所在企业在调整工资时将最低工资标准调整作为首要考虑因素。

表 10   劳动者所在企业在调整工资时考虑的时机重要性分布情况

选项	综合得分
每年年初或其他定期	3.50
最低工资标准调整时	2.24
调岗或调级时	1.93
依据企业经营效益而定	1.90
物价上涨较快时	1.27
其他（请注明）	1.23
劳资协商后	1.17
人员流失率高时	0.51
面临招工荒时	0.47

2. 最低工资标准调增通过传导机制助力部分劳动者薪酬水平提升

企业问卷调查结果显示，49.36% 的被调查企业的员工的固定部分薪酬（基本工资）参考当地月最低工资标准，37.20% 的被调查企业的员工的加班工资计算基数参考当地最低工资标准。

劳动者问卷调查结果显示，34.79% 的被调查对象个人固定部分薪酬会参考当地月最低工资标准确定和调整；29.01% 的被调查对象个人加班工资计算基数会参考当地月最低工资标准确定和调整；40.44% 的被调查对象认为所在企业将最低工资标准作为公积金缴费基数。

将劳动者到手工资水平和受最低工资标准调整影响情况进行交叉分析发现，对于工资收入相对较高的劳动者，参考最低工资标准为之支付基本工资或固定工资的概率更大。数据显示，平均月到手工资在 2000~3000 元的劳动者群体中，企业参考最低工资标准为之支付基本工资或固定工资的比例为33.2%，工资在3000~4000元的劳动者占比37.5%，工资在4000~5000元的劳动者占比35.8%；而在月到手工资7000元以上的群体中，超一半的劳动者固定工资支付参考当地最低工资标准（见表11）。说明最低工资标准调整除了对标准附近收入群体有直接影响外，对较高收入群体工资水平也会产生一定涟漪效应。

表11　劳动者月到手工资与企业参考最低工资标准为之支付固定工资的交叉分析

单位：%

月到手工资水平	参考最低工资标准支付固定工资的比例
2000 元以下	25.0
2000~3000 元	33.2
3000~4000 元	37.5
4000~5000 元	35.8
5000~6000 元	36.3
6000~7000 元	49.4
7000~8000 元	53.8
8000~9000 元	58.8
9000~10000 元	73.3
10000 元以上	55.6

3. 多数企业支付非全日制用工劳动者工资时参考最低工资标准

大部分企业支付非全日制用工劳动者的工资会参考当地最低工资标准。企业问卷调查结果显示，63.23%的企业支付非全日制用工劳动者的工资参考当地月或小时最低工资标准；36.77%的企业不参考。在支付非全日制用工劳动者的工资参考当地月或小时最低工资标准的企业中，73.98%的企业支付非全日制用工劳动者工资参考月最低工资标准，26.02%的企业参考小时最低工资标准。

三　最低工资标准调整对企业的影响

从企业角度考虑，一方面，最低工资标准提升有利于激发和提高劳动者的工作热情和效率。从效率工资理论讲，工资的提升能够激励劳动者提升工作效率，进而提升企业劳动生产率。[①] 另一方面，最低工资标准调整直接或间接影响人工成本支出。不少企业根据最低工资标准来确定固定薪酬、加班工资和社会保险缴费基数，提升最低工资标准直接影响企业人工成本；同时，企业为了维持内部薪酬差距，在一线员工收入提升后也将提高远高于最低工资标准的岗位收入，从而间接影响企业人工成本；此外，与最低工资标准挂钩的医疗期内的病假工资、试用期的工资以及单位停工、停业等情况下职工的基本生活费，也会随最低工资标准的提升而水涨船高，均将增加人工成本。

（一）最低工资标准调整对企业成本的影响总体可控

企业问卷调查结果显示，当最低工资标准提高 10%~15% 时，46.07%的企业人工成本基本不受影响，53.93%的企业人工成本将上升（见表12）。具体而言，28.47%的企业人工成本将随之增加10%以内，19.74%的企业人工成本将随之增加10%~20%，5.72%的企业人工成本将随之增加20%及以上。即，约75%的企业在最低工资标准提高10%~15%的条件下，人工成本没受影响或增幅低于标准调增幅度。

表 12　最低工资标准提高 10%~15%对企业人工成本的影响情况

选项	数量（个）	占比（%）
基本不受影响	322	46.07
企业人工成本将增加不超过 10%	199	28.47
企业人工成本将增加 10%~20%	138	19.74
企业人工成本将增加 20%以上	40	5.72

企业问卷调查结果显示，按照重要性降序排列，企业对最低工资标准提高 10%~15%的应对措施依次是：提高劳动生产率，增加效益；缩减其他成

---

① 胡宗万：《最低工资标准调整对企业承受能力影响的初步评估》，《中国劳动》2018 年第 4 期。

本费用；调整工资结构，降低固定工资比重；减少招用工人数；增加自动化投入；更多使用灵活用工；提高产品销售价格；工厂外迁至劳动力成本较低的地区（见表13）。总体来看，企业会先从提高企业收益的角度应对，然后再考虑降低人工成本等措施。

表13　企业对最低工资标准提高 10%~15% 的首选应对措施分布情况

选项	综合得分
提高劳动生产率,增加效益	3.74
缩减其他成本费用	3.73
调整工资结构,降低固定工资比重	3.52
减少招用工人数	3.29
增加自动化投入	2.31
对企业没有任何影响,无须应对	1.97
更多使用灵活用工	1.90
提高产品销售价格	1.08
工厂外迁至劳动力成本较低的地区	0.90
其他应对方式	0.20

（二）四成劳动密集型企业表示最低工资标准调整过慢

企业问卷调查结果显示，认为近年来当地最低工资标准调整合理的企业占比为 53.79%，认为调整过慢的企业占比高达 40.77%，仅 5.44% 的企业认为近年来标准调整过快（见表14）；超一半的受调查企业认为最低工资标准应每年调整一次（见表15）。

表14　企业对最低工资标准调整情况的看法

选项	数量(个)	比例(%)
比较合理	376	53.79
调整过快	38	5.44
调整过慢	285	40.77
合计	699	100.00

表 15　企业对最低工资标准调整频率的看法

选项	数量（个）	比例（%）
每年调一次	353	50.50
每两年调一次	161	23.03
每三年调一次	40	5.72
视经济周期不定期调整	145	20.74
合计	699	100.00

（三）企业关注并认可最低工资标准的正面效应

企业认为最低工资标准的功能首先是保障劳动者及其家庭的基本生活（综合得分：5.6），其次是保障劳动者及其家庭的体面生活，最后是保障一定购买力（3.19）以及增强劳动者的就业积极性、缓解招工难问题（2.97）。表明企业对最低工资标准的"保基本"口径拓宽表示欢迎，也认为最低工资标准应对就业积极性产生促进作用。

四　最低工资标准的区域协调

根据 2022 年各地统计公报数据，吉林省人均 GDP 为 55347 元，介于同处东北地区的黑龙江省（51096 元）和辽宁省（68775 元）之间，低于邻近省份内蒙古自治区（96474 元）。2022 年，吉林省城镇私营单位平均工资为 47921 元，也介于黑龙江省（45241 元）和辽宁省（52183 元）之间，低于邻近省份内蒙古自治区（52318 元）。吉林省当前月最低工资标准（平均值）为 1705 元，均低于东北兄弟省份黑龙江省（1893 元，目前正在向全社会征求意见中）和辽宁省（1900 元，2024 年 5 月 1 日实施），低于内蒙古自治区（1913 元）（见表 16）。从区域协调的角度而言，吉林省最低工资标准调整仍有一定空间。

表 16　区域相近省份最低工资标准对比情况

单位：元

地区	人均 GDP	私营单位平均工资	最低工资标准
黑龙江省	51096	45241	1893
吉林省	55347	47921	1705
辽宁省	68775	52183	1900
内蒙古自治区	96474	52318	1913

五　劳动者对最低工资标准调整的意见

（一）劳动者对当地最低工资标准调整频率和幅度的看法

1. 关于调整频率的看法

劳动者问卷调查结果显示，24.00%的被调查对象认为近几年当地最低工资标准调整比较合理，29.10%的被调查对象认为近几年当地最低工资标准提高较慢（见表 17）。

表 17　劳动者对最低工资标准调整频率的看法

选项	数量（个）	占比（%）
比较合理	1063	24.00
提高较快	65	1.47
提高较慢	1289	29.10
不了解	2012	45.43

关于最低工资标准调整的建议频率，劳动者问卷调查结果显示，67.62%的劳动者认为每年调整一次比较合适，10.36%的劳动者认为每两年调整一次合适。也就是说，77.98%的劳动者认为最低工资标准应该每两年

至少调整一次。

2. 关于调整幅度的看法

劳动者问卷调查结果显示，18.13%的劳动者认为近几年最低工资标准每次调增幅度在5%以内合适，有32.13%的劳动者认为每次调整5%~10%合理，还有22.24%的劳动者认为调整10%~15%较为合理，此外还有共计27.51%的劳动者认为应提高15%及以上（见表18）。

表18　劳动者对最低工资标准增幅的看法

选项	数量（个）	占比（%）
5%以内	803	18.13
5%~10%（含5%,下同）	1423	32.13
10%~15%	985	22.24
15%~20%	355	8.02
20%及以上	863	19.49

（二）劳动者对最低工资制度的看法

1. 关于调整考虑因素的看法

被调查对象认为，最低工资标准调整应考虑的因素按重要性降序依次为：物价水平、社会平均工资、社会保险缴费水平、经济发展水平和区域经济竞争力、经济社会相当地区的最低工资标准水平、就业状况。其中，绝大多数被调查劳动者认为最低工资标准调整首先应考虑物价水平，其功能定位应优先保障员工及其家庭的基本生活。

2. 关于制度定位的看法

关于最低工资标准的功能定位，劳动者认为按照重要程度降序依次为：保障员工及其家庭的基本生活；保障劳动者及其家庭的体面生活，保障一定购买力；增强劳动力就业积极性，缓解企业招工难问题；为企业和员工决定基本工资、加班工资基数、社保缴费等提供参考；保障员工共享企业发展成果；促进企业健康发展。

3.关于制度实施的满意度

整体而言，吉林省劳动密集型企业劳动者对本地最低工资制度实施情况满意度偏低。按照1~10分（1分最不满意，10分最满意）打分，满意度平均打分为5.35分，有56.71%的劳动者打分不高于5分（见表19）。

表19　劳动者对最低工资制度实施的满意度

满意度	数量（个）	占比（%）
1 分	784	17.70
2 分	206	4.65
3 分	226	5.10
4 分	175	3.95
5 分	1121	25.31
6 分	506	11.42
7 分	209	4.72
8 分	438	9.89
9 分	146	3.30
10 分	618	13.95

我们进一步开展关于劳动者对2023年工资满意度与对最低工资制度实施满意度两个维度的交叉分析。数据显示，随着劳动者对其工资满意度的降低，他们对本地最低工资制度的态度也会更加消极。具体而言，工资满意度大幅提高的群体中，对最低工资制度实施打分7.48分，而对于工资满意度下降很多的群体，对最低工资制度实施打分仅为3.24分（见图3），满意度相对低。

类似地，我们也针对劳动者对家庭收支状况与他对最低工资制度实施满意度两个维度开展交叉分析。数据显示，随着家庭收支状况逐步恶化，他们对本地最低工资制度的态度也会更加消极。具体而言，在2023年家庭收大于支、有一定结余的劳动者群体中，对最低工资制度实施打分6.33分，而对于收不抵支的群体而言，对最低工资制度实施打分仅为4.59分（见图4）。

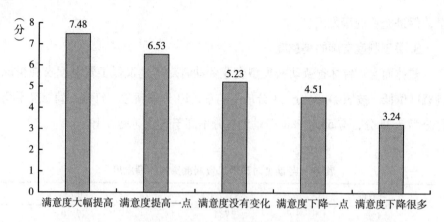

图3 工资满意度与最低工资制度实施满意度交叉分析

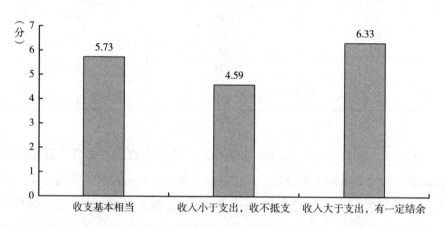

图4 家庭收支状况与最低工资制度实施满意度交叉分析

六 主要结论与对策建议

本文基于宏观经济数据和专项调查数据,对吉林省最低工资标准调整情况展开了评估,得出了以下结论。

第一,吉林省最低工资标准近年来调整与增速缓慢,相比社会平均工资呈下降趋势,并且实际增长滞后于人均 GDP,这在一定程度上拉低了经济社会发展成果的共享水平。

第二，吉林省一线劳动者家庭收不抵支问题突出，在一定程度上影响消费潜力。同时，收不抵支家庭中教育和医疗支出压力较大，最低工资标准难以维持此类低收入家庭的生活支出需求。

第三，最低工资标准直接和间接提升吉林省劳动密集型企业低收入劳动者的工资收入水平，受到最低工资标准调整影响的劳动者表现出相对明显的学历、年龄、性别和技能等级差异。总体上看，学历和技能水平较低的劳动者受最低工资调整影响较大。

第四，最低工资标准通过企业相应调整基本工资、加班工资、社保缴费等方式影响劳动密集型企业人工成本。在吉林省，多数企业支付非全日制用工劳动者工资参考最低工资标准。尽管最低工资标准调整对企业人工成本的影响面较大，但影响企业内部人群的比例范围不大，影响程度相对可控，企业有调增的承受空间。

第五，从人均 GDP 和城镇私营单位平均工资来看，与邻近的省份黑龙江、辽宁和内蒙古相比，吉林省最低工资标准有提升空间。

第六，更多的劳动者倾向于认为最低工资标准应每年调整一次，且认为近年来调整较慢。对于收不抵支或工资满意度较低的群体，对当前本地区最低工资制度实施的满意度相对较低。

综上，建议吉林省结合 2023 年以来经济运行情况，特别是受最低工资标准直接影响群体所处行业的恢复态势以及社平工资、就业和物价指数变动情况，尽力而为、量力而行地考虑多方因素，适时、合理调整最低工资标准。同时，要根据实际情况，采用大数据信息化手段精准掌握最低工资标准影响群体，统筹做好最低工资标准调整和评估工作，通过多种渠道向企业和劳动者加大对最低工资制度的宣传力度。此外，积极引导企业逐步改变内部薪酬制度应用中最低工资标准的参照或依赖惯例，建立企业内部薪酬分配制度宏观指导机制。发挥企业最低工资标准的增收作用，有力促进本省低收入群体提高收入，增强获得感。

B.7
上海市民营企业的用工结构与薪酬水平

王乐天　王加文　陈君宜　郭秀丽*

摘　要：　近年来，上海市民营企业用工规模持续扩大、员工素质快速提升、就业质量明显改善，但与国有、外资企业相比，仍然存在薪酬水平偏低、招工难留人难、专业技术人员短缺等发展瓶颈。因此，为了帮助民营企业更好地制定和调整薪酬策略以吸引和留住优秀人才，从而提升企业竞争力，上海市应当优化结构、规范管理，引导鼓励民营企业提高薪酬；优化环境、营造氛围，全力支持民营企业高质量发展；优化服务、注重实效，积极帮助民营企业招聘用工；校企合作、强化培训，不断完善民营企业用人机制；打造品牌、提升形象，持续助力民营企业增强就业吸引力。

关键词：　民营企业　薪酬　高质量发展　人力资源　上海

党中央、国务院历来高度重视民营企业的长期健康可持续发展。习近平总书记指出，要不断完善落实"两个毫不动摇"的体制机制，有效破除制约民营企业公平参与市场竞争的障碍，支持民营经济和民营企业发展壮大，激发各类经营主体的内生动力和创新活力。[①] 党的二十大报告明确提出，要

---

* 王乐天，华东政法大学本科生，主要研究领域为劳动就业理论、劳动法与劳动关系；王加文，上海市就业促进中心来沪人员就业处处长，主要研究领域为劳动经济学、劳动力市场等；陈君宜，上海市长宁区就业促进中心科员，主要研究领域为大数据分析、就业失业监测与公共就业服务；郭秀丽，上海市就业促进中心就业统计分析处一级主任科员，经济师，主要研究领域为劳动就业统计、劳动力市场和公共就业服务。

① 习近平：《全面深化改革开放，为中国式现代化持续注入强劲动力》，《求是》2024年第10期。

"优化民营企业发展环境，依法保护民营企业产权和企业家权益，促进民营经济发展壮大"。2023 年 7 月 19 日，中共中央、国务院正式印发《关于促进民营经济发展壮大的意见》，从民营经济的发展环境、政策支持、法治保障、高质量发展以及促进民营经济人士健康成长等方面提出了 31 条具体举措，体现了党中央、国务院坚持"两个毫不动摇"、促进民营经济发展壮大的坚定决心。

21 世纪以来，民营企业在稳定增长、促进创新、增加就业、改善民生等方面发挥了积极的作用，已经成为我国经济发展活力和竞争力的重要组成部分。2012 年底，我国民营企业仅有 1085.7 万户，到 2022 年底已增长至 4700 多万户，10 年翻了两番多；在国家级专精特新"小巨人"企业中，民营企业占比超过 80%；民营上市公司数量突破 3000 家。①

为了深入研究我国民营企业的用工结构、薪酬水平等情况，本文充分利用上海人社部门的就业登记、社保缴费等业务信息系统，提取了党的十八大以来（2013~2023 年）全市民营企业用工及社保缴费数据，并结合民营企业抽样调查成果，深入研究民营企业用工的总量规模、结构特征、就业质量，以期为促进民营企业做大做优做强、推动实现更高质量充分就业提供决策参考。

根据我国经济体制改革的发展历程、民营企业的现实状况和公共就业服务的实践经验，本文将民营企业的范围界定为：以中国公民投资为主体并实际掌握经营权和控制权的企业，包括私营有限责任公司、私营股份有限公司、独资企业、合伙企业、个体工商户等类型的企业，但不包括国有企业、国有控股企业、集体所有制企业、外商投资企业和港澳台资企业。

一 上海市民营企业的用工结构

近年来，上海多措并举大力优化营商环境，持续提升政府公共服务效

---

① 《"56789"：民营经济成为推动中国式现代化生力军》，中国日报网，https：//caijing.chinadaily.com.cn/a/202307/21/WS64ba3e82a3109d7585e45ecf.html，2023 年 7 月 21 日。

能，不断增强企业获得感，对民营企业的政策优惠和倾斜力度较大。2022年，上海新增减税降费及退税缓税缓费累计2495.1亿元，民营企业占比超过50%，成为最大受益主体；累计缓缴社保费约212.8亿元，惠及的企业约5.5万户；减免小微企业和个体工商户6个月国有房屋租金，惠及9.3万户经营主体，减免租金132.4亿元。① 在相对宽松的市场发展环境下，民营企业用工结构主要呈现以下特征。

（一）民营企业用工规模持续扩大，就业贡献逐年加大

统计数据显示，2013年以来，上海民营企业从业人数持续快速增长，2023年已经超过700万人，年均增长率达到3.5%。上海民营企业用工总量的增长率呈现明显的季节性和周期性特点。总的规律是，每年春节前总量明显减少，春节后的2~3月呈现较高的增长率，7~8月由于应届毕业生等新成长劳动力的大量加入，也呈现较高的增长率。从2018年开始，上海民营企业增加的员工中应届毕业生等新成长劳动力的比例明显加大，最高的增长率均出现在每年的7~8月。这表明随着科技型企业数量的增加，上海民营企业对应届大学毕业生的吸引力明显增强。

统计数据显示，上海民营企业从业人数在上海总就业人口中的占比呈现逐年增加态势，从2013年的58.7%增加到2023年的67.7%，增加了9.0个百分点，表明上海民营企业对就业的贡献在逐步加大。从近年来经济社会发展现实来看，民营企业已经与国有企业、外商投资企业，共同构成推动上海经济持续快速健康发展的三大支柱。上海民营经济与城市共同发展、共同成长，在稳增长、保就业、促民生方面发挥着重要的作用。民营经济实现增加值占全市的27.1%，完成税收收入占全市的32.7%，上海民营企业贡献了超七成的新增就业②，已经成为推动上海现代化建设和经济社会高质量发展的重要力量。

① 占悦：《上海民营经济面临重大机遇拥有广阔舞台》，《文汇报》2023年5月25日。
② 周轩千：《上海：牵住解决民营企业融资难融资贵"牛鼻子"》，《金融时报》2023年5月18日。

（二）第三产业吸纳就业贡献巨大，第二产业吸纳就业贡献逐年下降

上海民营企业从业人员主要集中在第三产业，比重达 84.3%；其次是第二产业，比重为 15.6%，第一产业仅占 0.1%（见图1）。

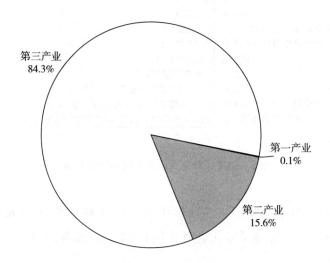

图1　上海民营企业从业人员的产业分布

2013 年以来，上海民营企业第三产业从业人员占比缓慢增加，从 78.1%增加到 2023 年的 84.3%，增加了 6.2 个百分点。随着生产自动化程度提高，第二产业从业人员比重逐步下降，从 21.4%下降到 15.6%，下降了 5.8 个百分点。

（三）商务服务、科研、批发零售等行业吸纳就业近六成，在多行业中吸纳就业能力均强于其他所有制企业

从行业分布来看，近 60%的上海民营企业从业人员分布在租赁和商务服务业、科学研究和技术服务业以及批发和零售业三大行业（见图2）。

数据表明，2013 年以来，上海民营企业用工数量在各行业间的变化趋

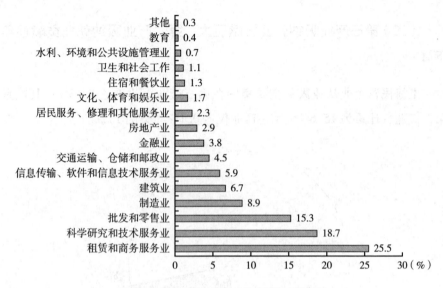

图2 上海民营企业从业人员的行业分布

势有所不同。2013~2022 年，科学研究和技术服务业从业人员增长了214%，与此同时制造业从业人员则呈下降趋势，减幅为 25.8%。

（四）青年劳动力占比超八成，年轻化趋势越发显现

统计数据显示，上海民营企业员工平均年龄为 27.9 岁，主力军为 16~35 岁的青年劳动力，占比达到 83.1%，尤其是 21~25 岁的青年群体更受青睐，占上海民营企业吸纳从业人员的 41.7%（见图 3）。

统计期间，上海民营企业员工的平均年龄呈逐年下降态势，从 2013 年的 30.7 岁下降到 2022 年的 27.9 岁，10 年来下降了 2.8 岁（见图 4），员工整体呈现年轻化态势，表现出蓬勃的生机和活力。

（五）性别比例较为均衡，女性就业公平性得到增强

2023 年，上海民营企业中的女性员工占比为 42.6%，明显高于国有企业的 31.6%，略低于外商投资和港澳台资企业（见图 5），性别比例较为均衡。

统计数据显示，2013 年以来，上海民营企业中女性员工占比越来越高，

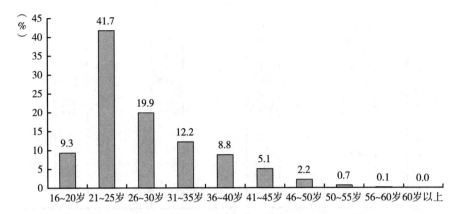

图3　上海民营企业从业人员的年龄结构

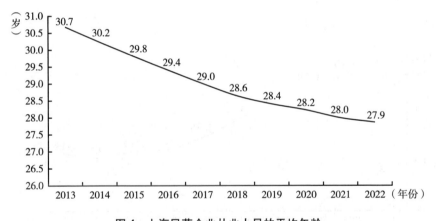

图4　上海民营企业从业人员的平均年龄

性别比（男性人数/女性人数×100）从2013年的146.4逐渐下降到2022年的134.8（见图6）。这表明越来越多的上海民营企业欢迎女性劳动者的加入，同时也愿意提供给女性更多的岗位和就业机会，女性就业的公平性得到了增强。

（六）高中及以下学历占比超六成，学历结构持续优化

统计数据显示，上海民营企业从业人员中，高中及以下学历占比为

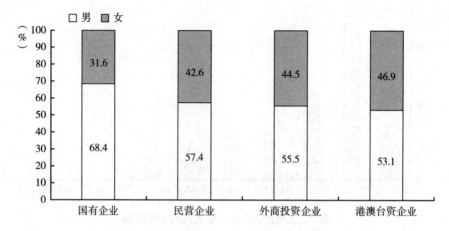

图 5　上海各类企业从业人员的性别结构

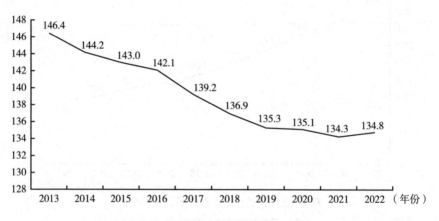

图 6　上海民营企业从业人员的性别比

62.4%，大专和本科共计占比为 31.3%，研究生学历占比为 6.3%（见图 7）。由此可见，上海民营企业确实为很多低学历人群提供了就业机会，原因主要有两点：一是上海民营企业往往更注重实际工作能力和经验，而不是过分强调学历；二是基于对人力成本的考量，相对较低的薪酬要求使得低学历人群更具吸引力。

同时我们也发现，上海民营企业员工中，本科学历和研究生学历人员比

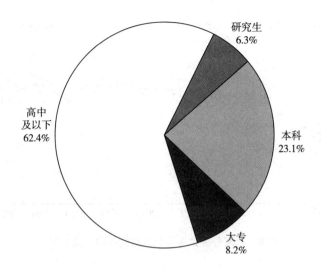

图7 上海民营企业从业人员的学历结构

重增加最为明显，2013~2023 年本科学历从 12.1% 增至 23.1%，增加了 11.0 个百分点；研究生学历从 2.1% 增至 6.3%，增加了 4.2 个百分点；高中及以下学历下降最明显，从 77.5% 降至 62.4%。

（七）从业人员平均从业年限有所增加，就业稳定性有所增强

平均从业年限是反映工作稳定程度的重要指标。平均从业年限越长，工作的稳定程度越高，相应的流动性越弱。统计数据表明，上海民营企业员工的平均从业年限为 4.4 年，低于其他所有制企业员工。从变化趋势来看，随着上海民营企业的不断发展壮大，员工平均从业年限悄然增长，由 2013 年的 3.7 年增至 2022 年的 4.4 年（见图8）。

二　上海市民营企业的薪酬水平

上海民营企业的薪酬结构通常包括基本工资、绩效工资、奖金、津贴和福利等部分。其中，基本工资是薪酬的基础部分，绩效工资和奖金则与员工

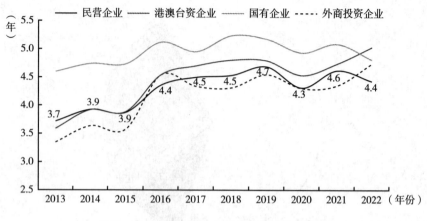

图8   上海各类企业从业人员的平均从业年限

的工作表现和业绩挂钩,津贴和福利则用于满足员工的特殊需求和提升员工的满意度。

(一)员工平均月薪1.05万元,民营企业薪酬水平稳步快速增长

统计数据显示,上海民营企业从业人员平均月薪逐步增长,从2013年的3702元增加到2022的10533元(见图9),年均增幅(按几何平均数计算)达到12.3%。

与国内其他地区相比,上海民营企业的平均薪资水平相对较高、增长较快,显示出较强的市场活力和竞争力。随着上海经济的持续发展和产业结构的不断优化升级,预计未来几年上海民营企业的薪酬水平将继续保持增长态势。

(二)与国有企业、外资企业相比,民营企业薪酬水平整体偏低

统计数据显示,上海国有企业员工的平均月薪为14920元,外商投资企业员工的平均月薪为16023元,港澳台资企业员工的平均月薪为16344元(见图10),分别是民营企业员工平均月薪的1.42倍、1.52倍和1.55倍。

与其他所有制类型企业相比,上海民营企业员工的平均收入仍有一定的

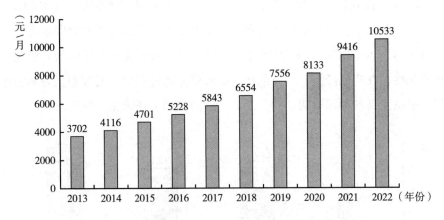

图9　上海民营企业从业人员平均薪酬的变化趋势

差距，这与上海民营企业员工平均学历较低有直接关系。由于普遍面临资金压力和市场竞争压力，民营企业薪酬水平整体偏低，难以吸引和留住优秀人才。部分民营企业在薪酬结构设计上缺乏科学性和合理性，导致薪酬的激励作用不明显，员工的工作积极性和创造力难以得到有效激发。

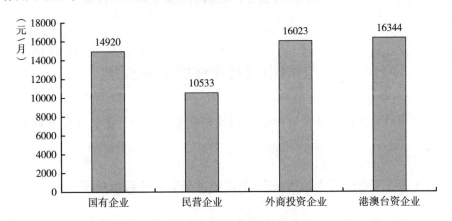

图10　上海各类企业员工的薪酬水平

（三）民营企业薪酬增速略高于国有企业，略低于港澳台资企业

从薪酬增长速度来看，2013～2022年，上海民营企业员工的薪酬年均增

长12.3%（按几何平均数计算），略高于国有企业员工薪酬年均9.8%的增长幅度，与外商投资企业员工薪酬年均增速基本持平，与港澳台资企业员工薪酬年均13.8%的增幅相比则略低（见图11）。民营企业有很强的发展韧性和成长性，在提振经济、科技创新、扩大就业的过程中，发挥着主力军的作用，但也受到各种因素的制约，潜力、活力和动力还未充分发挥出来。

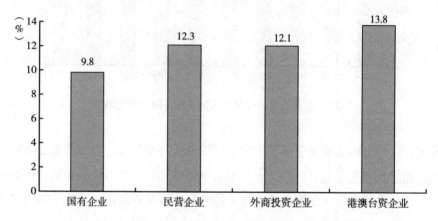

图11 上海各类企业员工薪酬的年均增速（2013~2022年）

三 上海市民营企业的发展瓶颈

从当前上海民营企业的用工结构及薪酬水平来看，主要存在下列发展瓶颈。

（一）薪酬水平相对偏低，招贤纳才受到一定程度挤压

相对于国有企业、外商投资企业以及港澳台资企业而言，民营企业往往规模较小、资金储备有限。因此，在面临市场竞争和运营成本压力时，民营企业能够用于支付员工薪酬的预算也相应较少，薪酬水平整体偏低。一些民营企业在薪酬管理策略上更侧重于成本控制，而非员工激励。这导致在设定薪酬水平时，企业可能会倾向于选择较低的薪酬标准。另外，部分民营企业

在薪酬结构设计上缺乏科学性和合理性，导致薪酬的激励作用不明显，进一步影响了薪酬水平。

（二）员工稳定程度偏低，招工难留人难现象仍然突出

相对于国有、外商投资等其他类型企业，民营企业的工作稳定性相对偏弱。调研发现，11.2%的民营企业表示存在缺工情况，25.4%的民营企业表示目前招聘员工面临一定的困难，近30%的民营企业表示职业技能人才较为短缺。反映招工难的企业，相对较为集中的主要是批发零售、交通运输、住宿餐饮等行业，这与这些行业的劳动密集程度较高直接相关。

（三）岗位吸引力相对偏低，专业技术人才供给略显不足

调研发现，专业技术人员供给相对不足，已经成为影响民营企业发展的重要因素之一。由于薪资待遇、就业质量等方面存在一定的相对竞争劣势，民营企业对专业技术人员的吸引力整体相对偏低。特别是有些民营中小企业劳动用工管理制度不规范，有的没有建立健全的劳动用工制度，有的虽然建立了劳动用工制度，但既不规范也不完整，更没有认真地执行。因此，与国企、外企相比而言，民营企业对行业和市场具有高度的敏感性，对专业技术人员的需求较为迫切，故而造成专业技术人员相对短缺的现象。

（四）管理水平有待提升，选人用人育人机制尚不健全

尽管越来越多的民营企业建立了现代企业制度，但仍有相当一部分民营企业特别是初创期的民营企业，由于脱胎于家族制企业，缺乏健全的选人用人育人机制，带有一定的家族管理倾向。家族内部成员获得理想的岗位相对容易，外部人员很难触及高级管理岗位。这会使人才觉得没有成长机会，没有成就感，这也是很多优秀人才不愿意到民营企业工作的一个重要原因。另外，有些民营企业为了能招到高层次人才，不惜重金待遇去挖人，往往忽视了对本企业基础骨干队伍的培养，也忽视了企业内部员工整体素质的提高。

四 促进上海市民营企业发展的对策建议

只有稳预期、强信心，民营企业才能够安下心来抓生产、谋发展。促进民营企业长期稳定高质量发展，政府层面要努力进一步优化营商环境，营造良好稳定的预期，为民营企业打造自由、平等、公正、法治的社会环境，以民营经济的平等保护为重点，依法保护民营企业的产权和企业家的权益；同时，民营企业层面也要练好内功、规范经营、改革创新、谋求发展。

（一）优化结构、规范管理，引导鼓励民营企业提高薪酬

一是鼓励民营企业提高薪酬水平，使之根据自身发展情况和市场竞争状况，逐步提高薪酬水平，以吸引和留住优秀人才。二是鼓励民营企业优化薪酬结构，增加绩效工资和奖金的比重，增强薪酬的激励作用，激发员工的工作积极性和创造力。三是鼓励民营企业规范薪酬管理，建立规范的薪酬管理制度，确保薪酬管理的公平性和透明度，提高员工对薪酬制度的信任感和满意度。

（二）优化环境、营造氛围，全力支持民营企业高质量发展

深入贯彻党的二十大精神，全面落实党中央、国务院决策部署，坚定不移推动落实"两个毫不动摇"，立足人社部门稳就业、保就业的职责职能，持续破除市场准入壁垒，全面落实公平竞争的政策制度，积极完善相关政策举措，引导社会舆论全面客观公正地认识民营企业对于经济社会发展的重大贡献、重要作用，坚决抵制质疑社会主义基本经济制度、否定和弱化民营经济的不当错误言论和错误做法，为进一步促进民营经济做大做强做优营造良好的营商环境。一是出台一系列利好政策，包括税收减免、财政补贴、融资便利等，以降低上海民营企业的经营成本和提高其市场竞争力。二是金融创新，通过设立上海民营企业信贷专项额度、推进供应链金融服务、支持民营银行发展等方式，拓展上海民营企业的融资渠道。

（三）优化服务、注重实效，积极帮助民营企业招聘用工

进一步完善有利于鼓励扶持民营企业发展的惠企政策，不断强化面向民营企业的招聘服务和用工指导，强化一次性扩岗补助等政策支持，努力推动人社部门的企业服务持续提质增效。特别是在职业介绍、创业扶持和职业培训等方面对上海民营企业给予政策性扶持，进一步提高民营企业员工素质。进一步研究利用地方教育附加培训费开展职工培训，给予民营企业针对性更强的补贴政策，降低企业用工成本。根据调查结果，目前网络招聘已经成为企业最主要的招聘方式。"上海公共招聘"新平台依托市政府"一网通办"和数字人社，力求给求职者和企业带来更便捷、智能、可靠的使用体验。一是提供人才咨询服务，帮助企业精准定位人才需求。通过开发利用大数据，提高平台的人职匹配和政策宣传推送功能，优化视频面试功能，为上海民营企业招聘带来便捷高效服务。二是提供人才引进服务，建立人才引进机制，通过异地代招等更灵活的举措，吸引更多外地优秀人才。

（四）校企合作、强化培训，不断完善民营企业用人机制

进一步加大对民营企业专业人才、研究人才、技能人才培养的政策支持力度，包括科研站点建设、职称评定、人才培养等方面的政策支持，扩大民营企业专业技术人才供给。针对民营企业高层次人才流动性相对较强的特点，进一步完善有利于民营企业人才稳定的人才工作思路，鼓励民营企业加强与高校、科研机构开展校企合作，共同加强民营企业人才发展平台建设，打造"企业-高校-政府"协同创新发展的引才育才工作体制机制，吸引集聚区域产业发展急需的人才。

（五）打造品牌、提升形象，持续助力民营企业增强就业吸引力

鼓励民营企业全面把握政策机遇，不断激发内生动力，积极构建现代企业管理制度，加强企业内部管理，重视资源科学配置。引导民营企业通过慈

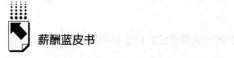

善捐赠等方式，支持社会公益事业；积极参与社区建设，如提供就业机会、支持地方文化活动；在自然灾害或紧急情况下，开展物资援助或志愿服务等具体行动，不仅可以为社会的可持续发展做出贡献，同时也可以提升企业的社会形象和品牌价值，吸引更多有志之才的涌入，逐步增强员工的价值认同，从而解决员工流动性较大和人才难吸引等问题。

B.8
山东省农民工工资支付保障工作情况分析

摘　要： 作为农民工大省，山东省高度重视农民工工资支付保障。通过建立分工协作的议事协调机制、多管齐下的源头治理机制、上下协同的多元共治机制等"六大机制"，在工作满意度、工资支付情况和监控预警平台等方面取得积极成效。然而，随着社会经济形势不断变化，实践中一些趋势性的新情况、新问题正在显现，比如搭车投诉情况时有发生和欠薪违法行为打击震慑力度不够等。因此，山东省应当制定出台《保障农民工工资支付条例》实施细则、完善全国根治欠薪线索反映平台相关功能、修订《劳动保障监察条例》部分内容、加强劳动保障监察队伍建设。

关键词： 农民工　工资支付保障　山东省

随着中国经济体制改革和城市化进程的推进，大量农民涌入城市，从事建筑业和制造业工作。20 世纪 80 年代末至 90 年代初，由于法律和监管体系尚未完善，加上劳动力供应过剩，农民工的权益保护较为薄弱，工资拖欠现象较为普遍。进入 21 世纪，各级政府开始加强对农民工权益的保护，陆

---

*　课题组主要成员：李士功，山东省人力资源和社会保障厅党组成员、副厅长，省总工会副主席；杨卫华，山东省公共就业和人才服务中心党委书记、主任；李光华，山东省人力资源和社会保障社厅执法监察局副局长，重庆市就业服务管理局副局长（挂职）；张东君，山东省人力资源和社会保障厅执法监察局一级主任科员；肖婷婷，中国劳动和社会保障科学研究院副研究员，主要研究领域为收入分配、企业薪酬管理；许杏彬，中国劳动和社会保障科学研究院副研究员，主要研究领域为劳动关系、劳动合同、劳动监察及数字劳动和新就业形态；祝慧琳，中国劳动和社会保障科学研究院助理研究员，主要研究领域为工资收入分配、企业薪酬管理。

续出台了一系列法律和政策。特别是党的十八大以来，党中央、国务院高度重视解决农民工工资拖欠问题，习近平总书记多次做出重要指示批示，国务院也进行了一系列部署安排。2019年，国务院颁布《保障农民工工资支付条例》，要求规范农民工工资支付行为，保障农民工按时足额获得工资，为推动根治拖欠农民工工资问题提供了法律依据。

山东省委省政府认真贯彻习近平总书记关于根治欠薪工作的重要指示精神批示，全面落实党中央、国务院决策部署，主要领导同志多次做出批示，提出明确要求，积极推动相关工作。近年来，山东省秉持"有解"思维，创新"优解"路径，打通"难解"痛点，力争"全解"难题。坚持常态管控与专项治理、技术创新与法治保障、纾困解难与权益维护"三个结合"，积极落实各项工资支付保障制度，不断完善农民工工资支付监控预警机制，畅通多元化维权渠道，加大欠薪问题处置力度，推动根治欠薪工作取得重要成果。

一　山东省农民工工资支付保障工作成效显著

2023年，山东省人力资源和社会保障厅结合《保障农民工工资支付条例》在山东省的实施效果，对治理拖欠农民工工资问题进行了全面调查评估。通过问卷调查、调阅系统、实地调研等方式采集数据、了解实情。总体来看，3年来，山东省贯彻党中央、国务院决策部署，坚持预防、查处、惩戒"三位一体"，通过建立分工协作的议事协调机制、多管齐下的源头治理机制、上下协同的多元共治机制、全链监管的数字智治机制、高效便捷的一站处置机制、奖惩分明的工作评价机制"六大机制"，推动农民工工资支付保障工作取得积极成效。

（一）《保障农民工工资支付条例》实施成效

1.分工协作的议事协调机制

建立人社牵头、行业共治的监管模式，成立省市县三级专班。人社部门作为议事协调的"办公室""联络部"，注重发挥联系内外、协调各方的作用,树立"统"的权威,提高"筹"的艺术,画好最大同心圆,确保步调一致、同频共振。科学分配部门监管任务,通过出台《山东省〈保障农民工工资支付条例〉法律责任条款行政执法指引》等规定,在事前预防、事中监管、事后处置环节构建了各司其职、有序推进的工作格局。

2.多管齐下的源头治理机制

山东省以《保障农民工工资支付条例》为统领,先后出台一系列保障工资支付的制度文件,形成具有鲜明山东特色的"1+N"根治欠薪制度体系(详见表1),取得明显成效。发改、财政部门强化项目前端资金审批监管,住建、交通、水利等部门不断规范建设市场秩序,国资部门强化国企项目管理,各部门协同配合,通过"三课"服务,加强对在建项目的全链条监督指导,初步形成了"立项—资金—流程"全覆盖源头治理机制。

表1　山东省保障农民工工资支付制度文件制定情况

序号	基本要点	文件名称	发布日期
1	在建项目全链条监管服务	《关于做好在建工程建设项目农民工工资支付"三课"服务工作的通知》	2024年3月25日
2	覆盖全省700余个项目	《关于做好重点项目根治欠薪"联点包挂"工作的通知》	2023年12月13日
3	细化评价指标,提升含金量	《山东省企业劳动保障守法诚信等级评价办法》	2023年12月6日
4	全环节规范平台运行	《山东省农民工工资支付监管平台管理办法》	2023年7月4日
5	全链条规范项目工资管理	《山东省工程建设领域保障农民工工资支付工作指导手册》(第一版)	2023年6月13日
6	仲裁监察一体受理,首问负责	《劳动争议仲裁和劳动保障监察维权首问负责工作规范》	2022年12月8日
7	填补担保制度空白	《山东省工程建设领域工程款支付担保实施办法(试行)》	2022年11月22日
8	强化工信联动,优先清偿欠薪	《关于建立根治拖欠农民工工资工作与防范和化解拖欠中小企业账款工作联动机制的通知》	2022年7月1日
9	细化工作规则,体现山东特点	《山东省工程建设领域农民工工资专用账户管理实施细则》	2022年5月14日
10	细化工作规则,体现山东特点	《山东省工程建设领域农民工工资保证金管理实施办法》	2022年5月14日

序号	基本要点	文件名称	发布日期
11	省级带头，示范引领	《省本级劳动争议仲裁和劳动保障监察一窗服务工作规范(试行)》	2022年4月18日
12	规范线索核处，明确职责分工	《山东省"全国根治欠薪线索反映平台"线索核处指南(试行)》	2022年3月14日
13	压实责任，强化事后监督惩戒	《保障农民工工资支付工作约谈办法(试行)》	2021年7月30日
14		《保障农民工工资支付工作监督检查办法(试行)》	2021年7月30日
15	明确裁量基准，提升执法精准度	《山东省〈保障农民工工资支付条例〉行政处罚裁量基准》(第一版)	2020年10月30日
16	强化过程管理，确保资金到位	《关于在房屋建筑和市政工程中推行施工过程结算的指导意见(试行)》	2020年9月17日
17	规范建筑市场秩序	《贯彻〈房屋建筑和市政基础设施项目工程总承包管理办法〉十条措施》	2020年6月23日

3. 上下协同的多元共治机制

纵向上，初步形成由行政执法、农民工"工长"、劳动监察公益岗、劳资专管员组成的"四梯队"管理保障队伍。横向上，建立了劳动监察、劳动仲裁、行业主管部门、公检法司"四层面"的监管服务队伍，构建了横向联动、上下贯通，优势互补、无缝衔接的多元共治机制。

4. 全链监管的数字智治机制

率先建成全省统一的监管平台，覆盖住建、交通、水利全领域，金融机构、实名制考勤设备应联尽联，系统整合工资支付各项制度，实现实时预警、动态处置。截至2024年4月29日，平台累计纳入项目31401个，实名制人数611.57万人，银行代发工资2798.59亿元。

5. 高效便捷的一站处置机制

建设线上线下13类维权渠道，各市、各县设置维权二维码等本地投诉渠道，各类维权渠道实现社会广泛知晓。建立劳动仲裁与劳动保障监察协调联动工作机制，试点"矛调中心"一站受理处置机制，劳动者前台投诉，后台部门联动响应、联合介入处置，减少部门间相互推诿，劳动者满意度不断提升。调查结果显示，山东省受访农民工对农民工工资支付保障工作的满意度较高。

6. 奖惩分明的工作评价机制

建立考核、审计、督导、奖励四位一体的根治欠薪工作评价机制。高点定位，将根治欠薪工作纳入省委、省政府对 16 市高质量发展的综合绩效考核。开展专项审计、实地督导，推动制度落实，确保关键环节无缺位、重大问题约谈问责。出台专项激励办法，开展及时奖励，拿出 1000 万元开展根治欠薪专项督查奖励，鼓励先进，激发干劲。

（二）农民工工资支付保障制度落实情况①

1. 受调查农民工对农民工工资支付保障工作满意度较高

问卷调查结果显示，山东省受访农民工对农民工工资支付保障工作的满意度较高。94.54% 的受访农民工对农民工工资支付保障工作感到满意，其中非常满意 84.07%、比较满意 10.47%（见图 1）。

从各地区看，东营市、滨州市、日照市、淄博市、烟台市、潍坊市、济宁市受访农民工对农民工工资支付保障工作的满意度相对较高（90%以上）。

96.72% 的受访农民工与用人单位签订劳动合同（见图 2），94.13% 的受访农民工反映没有工资拖欠情况（见图 3）。

2. 受调查施工总承包单位保障农民工工资支付情况良好

受调查施工总承包单位在开立农民工工资支付专用账户、按时足额拨付人工费用等方面优于全国总体水平。调查结果显示，99.17% 的施工总承包单位反馈所在工程建设项目已开立农民工工资支付专用账户（见图 4）。

从各地区看，山东省大部分地市按照要求开立了农民工工资支付专用账户。

---

① 根据第三方针对 3868 名农民工、1083 个在建项目劳资专管员、1561 个施工总承包单位、598 个建设单位开展的问卷调查结果。

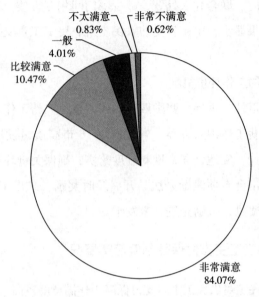

图1 山东省受访农民工对农民工工资支付保障工作的满意度

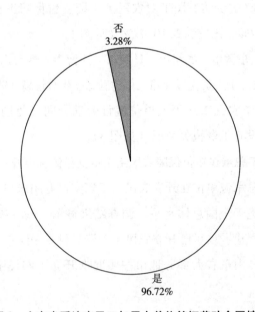

图2 山东省受访农民工与用人单位签订劳动合同情况

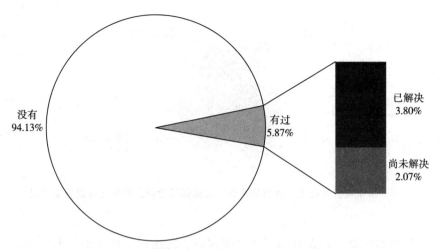

图 3　山东省受访农民工反映的工资拖欠情况

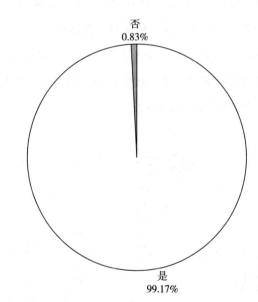

图 4　山东省受访施工总承包单位开立农民工工资支付专用账户情况

　　调查结果显示，实行工资保证金差异化存储的施工总承包单位中，31.6%的施工总承包单位反馈调增了工资保证金存储比例，14.2%的施工总承包单位反馈降低了工资保证金存储比例，16.6%的施工总承包单位反馈已免予工资保证金存储（见图 5）。

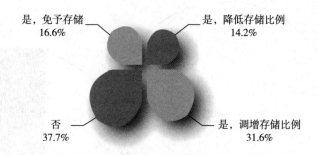

是，免予存储
16.6%

是，降低存储比例
14.2%

否
37.7%

是，调增存储比例
31.6%

图5 山东省受访施工总承包单位反馈工资保证金符合差异化存储规定情况

从各地区看，山东省淄博市、滨州市、潍坊市、日照市、枣庄市、济南市、青岛市工资保证金符合差异化存储规定的比例高于全省平均水平。

3. 受调查建筑单位完成农民工工资支付义务情况良好

调查结果显示，91.47%的受访建设单位提供工程款支付担保，8.53%的受访建设单位未提供工程款支付担保（见图6），前者略低于本省受访的施工总承包单位反馈的结果（94.6%）。

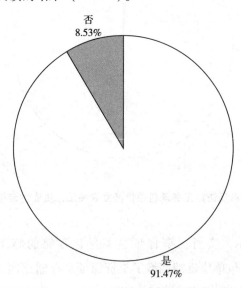

否
8.53%

是
91.47%

图6 山东省受访建设单位提供工程款支付担保情况

从各地区看，山东省潍坊市、济宁市、东营市、临沂市、滨州市、日照市受访建设单位反馈提供工程款支付担保的比例达到100%。

98.66%的受访建设单位与施工单位在工程施工合同中约定人工费用拨付情况（见图7）。

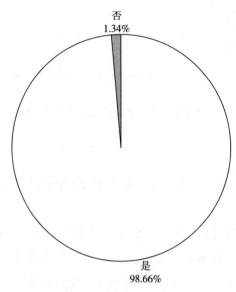

图7　山东省受访建设单位与施工单位在工程施工合同中约定人工费用拨付情况

4. 农民工工资支付监控预警平台信息较完整

查阅系统发现，山东省农民工工资支付监控预警平台项目底数清晰、劳动关系信息完整、工资支付数据翔实，为持续提升治欠监管效能提供了信息化保障。调查结果显示，96.4%的受访劳资专管员接受过政府部门提供的保障农民工工资支付业务培训，且认为该培训有助于提升职业能力；97.4%的受访劳资专管员反映所在工程建设项目工资支付相关信息全部上传至农民工工资支付监控预警平台（见图8）；81.9%的受访劳资专管员认为农民工工资支付监控预警平台软硬件配置合理，数据上传便捷高效。

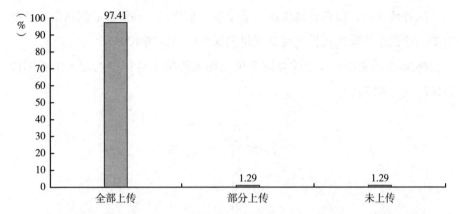

图 8　山东省农民工工资支付相关信息上传农民工工资支付监控预警平台情况

二　农民工工资支付保障工作面临的新情况新问题

通过近几年的治理，山东省工程建设领域工资支付制度体系逐步完善，欠薪行动惩戒力度不断加大，构建了欠薪治理的新常态。2023 年，山东省"全国根治欠薪线索反映平台"欠薪线索数量、人数、金额同比分别下降11. 45%、53. 36%、59. 22%，信息化监管、督查激励等工作走在全国前列，在国务院对省级政府保障农民工工资支付工作的考核中，山东省从第 14 名提升至第 9 名，跨入 A 级行列。但工作实践中仍面临一些困难和深层次问题。

（一）农民工工资支付保障工作面临的新情况

随着社会经济形势不断变化，欠薪治理工作不断深入，实践中一些趋势性的情况不断显现。

1. 欠薪线索数量与地区生产总值呈正相关关系

从 2023 年情况看，山东省欠薪线索数量与地区经济发展水平密切相关，但总体上欠薪的地区分布不均衡，经济发达地区更为严重（如图 9 所示）。数据表明，地区生产总值排名靠前的经济发达地区，建筑、能源化工、水利水电、交通、市政设施等工程建设项目数量高于排名靠后地区。工程建设项目

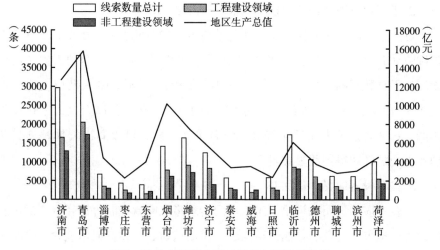

图9　2023年地区生产总值与欠薪线索数量

数量多，吸收的劳动力数量就多（见图10）。此外，经济发达地区有更多的就业机会和更具竞争力的薪酬，吸引了大量的就业人员，工程建设领域劳动力数量和非工程建设领域就业人员的基数增加，增加了欠薪的发生概率。当然，欠薪线索数量与地区生产总值之间的关系并非绝对的线性关系，还受到劳动力市场状况、劳动法律法规执行力度、劳动者的法律意识和维权能力等因素影响。

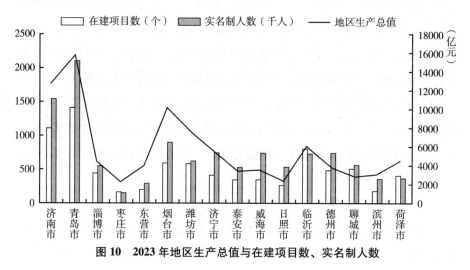

图10　2023年地区生产总值与在建项目数、实名制人数

2. 工程建设领域10人及以上欠薪事件占比下降

近年来，随着对农民工工资清欠治理力度的不断加大，山东省工程建设领域劳动者 10 人及以上欠薪事件占比呈下降趋势。通过对全国根治欠薪线索反映平台数据的分析，2021~2023 年，工程建设领域 10 人及以上投诉占比在 5% 以下；1~2 人投诉占比为 50% 以上。且 10 人及以上投诉占比逐年降低，1~2 人投诉占比逐年提高，结合工作实际，可以看出群体性拖欠劳动者工资的问题得到明显缓解。

3. 搭车投诉情况时有发生

一些本应通过司法诉讼、工信部门清理拖欠账款机制等途径解决的承发包纠纷、拖欠工程款、体制改革问题，借助信访、媒体，混淆概念、搭车解决，造成边清边欠，"线索"数量高位运行。对虚假讨薪、以访施压等违法行为缺少核查手段和打击措施。分析山东省接收的全国根治欠薪线索反映平台线索，经核实相当多线索涉及分包单位、包工头以讨薪名义讨要工程款，此类线索情况复杂，调查取证难，且超出人社部门职责范围。

（二）农民工工资支付保障工作面临的新问题

1. 工程建设市场秩序不规范，造成治欠难

一是建筑市场传统的"承包+结算"管理方式短期内难以根本改变，违法发包、转包、违法分包、挂靠等问题尚未杜绝，特别是甲指分包基本脱离监管，引发欠款欠薪。个别项目签订"阴阳合同"、制作"真假台账"，给监管带来困难。多方面因素导致工程建设市场仍是欠薪高发频发区。

二是工程建设领域源头监管不足，造成末端清欠难。现行政策只要求明确资金来源、筹措方式等资金落实情况，缺少对资金不到位的制约性规定，缺少明确的监管部门、监管手段和监管责任，涉及建设资金等方面的立项审批政策存在"断点"。

三是层层垫资问题普遍存在。有时，建设单位缺少建设资金，施工单位为换取长期合作，往往配合建设单位"主动自愿"垫资，甚至能否垫资已成为承揽工程项目的关键。个别建设单位要求施工单位每月向专用账户转入工费。一些分包企业、包工头在垫付农民工工资后，以讨薪名义讨要材料费、工程尾款等，导致民事纠纷与工资纠纷混杂，耗费大量行政成本。

2. 欠薪违法行为打击震慑力度不够

客观上欠薪线索多、农民工诉求急，采取协调处置方式占比较高，立案查处的执法方式占比偏低，动用行政处理处罚、重大违法行为社会公布、失信联合惩戒等手段的数量偏少。行业部门落实《保障农民工工资支付条例》的监管职责偏弱。对建设单位人工费拨付不及时不到位、不开设农民工工资专用账户、不落实实名制登记考勤等制度的违法行为的介入监管偏少、打击力度较小，鲜有行政处理处罚案例。《保障农民工工资支付条例》涉及的行政执法目录、权责清单及裁量基准，个别地方行业部门尚未调整，实名制管理、人工费拨付等关键制度难以全面落实。

三　关于农民工工资支付保障工作的政策建议

（一）落实《保障农民工工资支付条例》

建议制定出台《保障农民工工资支付条例》实施细则，主要解决四个方面的问题。一是进一步明确行业部门的监管责任[①]。按照"管行业必须管欠薪"的原则，明确住建、交通、水利等行业部门在工资支付日常监管中的职责，成立专门的欠薪维权机构，明确《保障农民工工资支付条例》第五十五条、第五十六条、第五十七条中的职责分工，增强各行业领域欠薪案件的"解决"责任，避免出现部门间推诿扯皮，"都管都不管"的局面。建立健全治理欠薪与清理拖欠中小企业账款联动机制，对于因政府项目拖欠民营中小企业账款而导致拖欠农民工工资的，对于政府投资项目政府投资金未按时足额拨付到位导致的欠薪，由相关主管部门牵头解决。设置施工许可门

---

① 倪骁然、朱玉杰：《劳动保护、劳动密集度与企业创新——来自 2008 年〈劳动合同法〉实施的证据》，《管理世界》2016 年第 7 期。

槛，对没有满足施工所需资金要求的项目，不予办理施工许可等审批手续。明确总监理工程师对工资支付全过程的监督责任。二是进一步明确乡镇街道欠薪治理职责。建议结合执法体制改革中劳动监察力量弱化的实际，在《保障农民工工资支付条例》实施细则中，进一步压实和细化乡镇人民政府、街道办事处在拖欠农民工工资问题的排查和调处工作方面承担的职责，将之纳入职责清单，编办和财政部门予以支持，以弥补执法力量的不足。三是加大对政府投资项目资金拨付不到位的惩戒力度①。对建设单位未履行资金到位承诺的，按照有关法律法规规定撤销施工许可，责令停止施工，并处罚款，行业部门记入不良诚信记录，取消通过告知承诺办理其他工程建设项目建筑工程施工许可手续的资格。明确政府投资项目垫资施工违法行为的主管部门和惩戒手段。四是加大对采取非法手段讨薪行为的打击力度。对《保障农民工工资支付条例》第五十二条"单位或者个人编造虚假事实或者采取非法手段讨要农民工工资，或者以拖欠农民工工资为名讨要工程款的，依法予以处理"中的"依法予以处理"进行明确，列明违法行为的各类情形以及具体的处理、处罚、曝光措施和牵头部门。

（二）改进全国根治欠薪线索反映平台

目前，山东省线上线下共有 13 类维权渠道，各市、各县也设置了维权二维码等本地投诉渠道。从实践看，经过多年运行，本地区各类维权渠道已实现社会广泛知晓，基本不存在劳动者投诉无门的情况。因此，对完善全国根治欠薪线索反映平台相关功能提出两个建议。一是由一个全国二维码调整31 个省区市上传本地维权二维码，减少转办层级，减轻基层重复工作。二是保留全国二维码，完善相关功能。（1）科学设置入口条件。反映人进行实名（人脸）认证，上传欠薪的初步证据。（2）分行业领域填写维权信息。设置"人社""住建""交通""水利""其他行业"等导航按钮，反映人选

① 刘斌、李浩然、刘媛媛：《工资保障、压力传递与投资调整——治理农民工工资拖欠的跨行业证据》，《会计研究》2022 年第 6 期。

择相关行业后填写信息。（3）分行业领域处置欠薪线索。结合山东实际，建议各行业领域的欠薪线索移送相关部委，再由属地相关行业部门接收并办理。对于情况不同的省份，建议系统允许多种模式转办处理。（4）待全国违约拖欠中小企业款项登记（投诉）平台建立后，在全国根治欠薪线索反映平台首页增加相关链接。

（三）修订《劳动保障监察条例》

建议对劳动保障监察的职责、举报投诉方式、行政处罚额度、"中止"程序、执法文书等内容进行修改完善。此外，建议修订"劳动保障监察机构"的表述，增加行政协调的执法方式，解决不接受调查询问实施行政处罚完后无进一步执法措施等问题。

（四）加强劳动保障监察队伍建设

结合执法体制改革和基层相对繁重的执法任务实际，提出两个方面建议。一是调整根治欠薪工作的牵头部门。改革后的各级劳动监察工作力量有所减少，应对非工程建设领域的劳动维权工作将占用大量精力，难以应对较为繁重的根治欠薪工作。因此，建议国家层面按照"管行业必须管欠薪"的原则，由人社部门牵头，相关行业部门按照职责各自负责本领域根治欠薪工作。二是逐步加强劳动保障监察执法工作力量。劳动保障监察执法力量不足和弱化，易导致劳动者维权案件得不到及时有效的受理和解决，影响社会稳定。建议顶层提前谋划，将劳动保障监察队伍纳入国家明确保留的执法队伍之一，加强执法能力建设，为广大劳动者提供坚强有力的维权保障。

行业/群体篇

B.9
四川省现代装备制造业的人力资源支撑[*]

唐青　杜云晗[**]

摘　要：　现代装备制造业是制造业中为国民经济各部门生产必要技术装备的产业。本文基于微观数据，在简要分析四川省现代装备制造业发展现状及其人力资源配置和人力资源供给的基础上，实证分析了四川省现代装备制造业的人力资源支撑。研究发现，本科及以上学历劳动者占比较小，劳动者技能支撑不足，不同行业的人力资源支撑力存在差异且变化明显；同时，44.4%的行业薪酬吸引力较弱，仪器仪表制造业与金属制品、机械和设备修理业的人工成本相对较大。总体而言，各行业的科创能力有待提升。面对人力资源供给总量与结构亟待优化、对高素质人力资源的吸引力不强、人才培养存在明显短板以及高层次和创新型人才较为缺乏等问题，为了优化四

---

* 本文是在四川现代产业发展系列研究课题"四川现代装备制造业人力资源支撑研究"的基础上整理的。课题组成员：唐青、杜云晗、车茂娟、范伊静、欧迪、徐晓敏、王偲乂、朱杰、陈广坤、吴艳。执笔人：唐青，杜云晗。

** 唐青，四川省人力资源和社会保障科学研究所副所长、研究员，主要研究领域为劳动和社会保障；杜云晗，四川省人力资源和社会保障科学研究所文献与信息研究室主任、助理研究员，主要研究领域为人口与经济、城乡经济发展。

川省现代装备制造业的人力资源支撑体系，建议以行业转型发展带动就业总量提升，推动形成现代化智能制造院校人才培养体系，建立健全社会化装备制造人才培养体系，以及加快完善装备制造人才培养与发展体制机制等。

关键词： 现代装备制造业 人力资源 薪酬 四川

一 引言

装备制造业是提供必要技术装备的产业，作为制造业的核心组成部分，它的发展对工业技术进步、全产业体系优化与国际竞争力提升具有重要影响。装备制造业可分为现代与传统装备制造业。现代装备制造业广泛运用计算机与通信技术，注重向信息化、智能化和绿色化等方向发展。根据《国民经济行业分类》（GB/T 4754—2017），符合现代装备制造业要求的行业主要有金属制品业，通用设备制造业，专用设备制造业，铁路、船舶、航空航天和其他运输设备制造业，电气机械和器材制造业，计算机、通信和其他电子设备制造业，金属制品、机械和设备修理业，汽车制造业，仪器仪表制造业，共计9类。

现代装备制造业所需人力资源支撑可以从两个方面来理解。一是人力资源自身的支撑，人力资源投入生产过程首先形成数量意义上的支撑力，同时人力资源蕴含的知识、技术和管理进一步推动其他要素配置与之组合，释放相应的生产能力，从而形成质量意义上的人力资源支撑力。二是人力资源的外部支撑，着力强化现代装备制造业人才培养与引进体制机制建设，抓好落实现代装备制造业人力资源长期培养与高端人才引进，提高人力资源的配置与使用效率。

二　四川省现代装备制造业的人力资源支撑现状

（一）行业发展现状

与全国平均水平相比，四川省现代装备制造业盈利能力①总体波动较大，且细分行业呈现较大的差异，不同行业盈利能力变化趋势有所不同（如图 1 所示）。

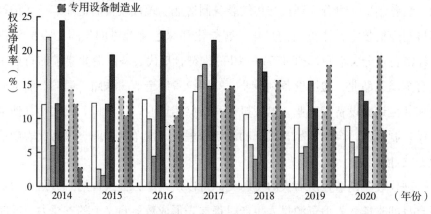

图 1　四川省现代装备制造业的权益净利率

装备制造业整体利润创造能力还不强。2014~2020 年，四川省现代装备制造业营业净利率除 2017 年外，均低于全国平均水平。全国现代装备制造业营业净利率保持相对稳定，而四川省波动较大。仪器仪表制造业盈利能力

---

① 如无特别说明，本文数据均来自四川公共就业创业服务管理信息系统和四川企业薪酬调查数据库。

显著增强，2017 年仪器仪表制造业权益净利率同比增加 3.91 个百分点，2020 年权益净利率达到 19.3%。计算机、通信和其他电子设备制造业盈利能力呈明显下降趋势，2014~2020 年该行业权益净利率从最高的 21.9% 明显下跌，除 2017 年外 2015~2020 年权益净利率均低于 10%，这表明该行业缺乏持续稳定的价值创造能力。汽车制造业盈利能力呈下降趋势，2020 年权益净利率已由"十三五"起始年的 22.9% 下降为 12.6%，下降 10.3 个百分点。

（二）人力资源配置状况

四川省装备制造业门类齐全，有超过 2000 家涉足装备制造业的规模以上企业和科研院所。装备制造重点区域主要分布于成德眉资等 8 个城市，在此基础上形成了先进轨道交通产业带、智能装备产业带等特色优势产业集群。2016~2020 年，四川省装备制造业平均用工人数有所增加，2017~2020 年高于全国同期平均水平（如图 2 所示）。分行业来看，各行业平均用工人数占比相对大小比较稳定，个别行业出现显著下降趋势。

一是四川省装备制造业平均用工人数高于全国平均水平。2014~2020 年，四川省现代装备制造业平均用工人数呈现明显的"U"形走势，"波谷"存在两个明显的低位，即 2016 年的 100.5 万人和 2018 年的 100.3 万人。2018~2020 年，四川省现代装备制造业平均用工人数明显上升。与全国同期水平相比，四川省现代装备制造业平均用工人数除 2016 年比全国平均水平低 1.1 万人外，其余年份均高于全国平均水平，说明四川省现代装备制造业创造就业岗位的能力高于全国平均水平。

二是通用设备制造业吸纳就业能力有所下降，金属制品、机械和设备修理业吸纳就业能力较弱，计算机、通信和其他电子设备制造业吸纳就业能力显著增强。计算机、通信和其他电子设备制造业平均用工人数在经历了 2015~2016 年的短暂下降后，连续多年保持持续上涨趋势。2016~2020 年，计算机、通信和其他电子设备制造业平均用工人数总共增加了 47.2%。通用设备制造业平均用工人数在现代装备制造业各行业中位居前列，但表现出

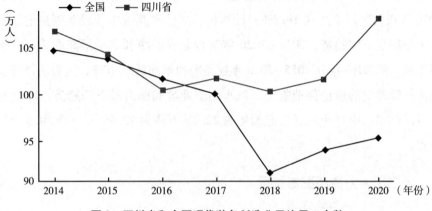

图2 四川省和全国现代装备制造业平均用工人数

数据来源：基于现代装备制造业的理论划分依据，并根据历年《中国统计年鉴》、《四川统计年鉴》中规模以上工业企业有关指标测算得到；全国层面数据为行业平均水平，根据全国总体水平与国家行政区划数据测算得到，具体为用全国装备制造业平均用工人数除以行政区数量得到。

稳定减少态势，年均减少率为5.3%，并在2017年被汽车制造业超过。金属制品、机械和设备修理业平均用工人数在各行业中最少，用工人数最多的2014年有0.7万人，但也少于同年仪器仪表制造业的0.9万人，就业吸纳能力在现代装备制造业各行业中表现最弱。

（三）人力资源供给分析

2017年，四川省主要职业技术学院毕业人数位列前五的专业分别为汽车检测与维修技术、机电一体化技术、汽车制造与装配技术、数控技术、电气自动化技术；毕业人数位列后五的专业分别为电梯工程技术、智能控制技术、金属材料与热处理技术、新能源汽车技术、电机与电器技术。

一是汽车检测与维修技术专业毕业人数具有绝对优势。从各专业来看，毕业人数呈现"单极效应"，汽车检测与维修技术专业毕业人数具有绝对优势，是机电一体化技术专业毕业人数的1.8倍。2018年职业技术类院校毕业人数数据显示，不同专业毕业人数"单极效应"特征更加明显，汽车检测与维修技术专业毕业人数从 2017 年的 3997 人增至 5149 人，增长了 28.8%，而排第二位的机电一体化技术专业毕业人数仅增长 16.8%。新能源汽车技术专业毕业人数出现较大幅度增加，从 2017 年的 30 人增至 2018 年的 643 人，增长了 2043%，即该专业理论上的劳动力供给数量增加了 20 倍多。

二是工业机器人技术与智能控制技术专业毕业人数显著增加。2018 年工业机器人技术专业毕业人数排在倒数第二位，仅为 39 人，但在 2019 年增加到 515 人。精密机械技术专业毕业人数由 2018 年的 94 人降至 2019 年的 47 人，降幅为 50%。智能控制技术专业毕业人数有所增加，由 2018 年的 44 人增至 2019 年的 65 人，增加了 47.7%。

三是机电一体化技术、数控技术和电气自动化技术专业未来的劳动力供给将逐渐增多。报到人数一般视为未来学生毕业后，院校理论上输出的相应专业劳动力数量，但在实际中还受区域间劳动力流动、劳动者个人择业意愿等因素影响。汽车检测与维修技术专业报到人数经历了先增后减的变动，2019 年实际报到人数锐减，相比 2018 年减少了 25.3%。机电一体化技术、数控技术和电气自动化技术三个专业报到人数大致呈稳定增长趋势。以上数据表明自 2020 年起，这三个专业每年理论上能提供的劳动力数量会逐渐增多。

四是新能源汽车技术与工业机器人技术专业的劳动力供给未来将有所增加。2018 年新能源汽车技术专业报到人数进入前五专业的行列，2019 年上升至第二位，专业热度明显上升。工业机器人技术专业 2019 年报到人数虽进入报到人数前五专业的行列，位居第五，但优势不明显，比排第四位的数控技术专业报到人数少了 590 人。

五是电气自动化技术与航空发动机装试技术专业吸引力较强。专业报到率反映的是院校师资力量、硬件设备和学校品牌等办学条件与考生学习意愿的匹配状况，同时能够大致反映各院校及其学科的吸引力。精密机械技术专业的报到率在 2017 和 2018 年分别居第二和第一位，但在 2019 年跌出前五。电气自动化技术专业的报到率始终位居前五，且保持稳定的增加趋势。飞行器制造技术专业的报到率在 2018 年增加了 4.8 个百分点，但在 2019 年跌出报到率前五位。智能控制技术专业的报到率仅在 2018 年进入前五位，为

92.9%。航空发动机装试技术专业的报到率在 2019 年位居各专业第一,表明省内该专业吸引力强。

六是铁路、船舶、航空航天和其他运输设备制造业的薪酬吸引力较强。从各行业工资水平来看,铁路、船舶、航空航天和其他运输设备制造业平均工资率为 46.9 元/小时,位居第一,薪酬吸引力最强;其次是专用设备制造业,平均工资率为 41.2 元/小时;仪器仪表制造业平均工资率最低,为 20.4 元/小时。但与全国相比,2020 年工资水平较高的铁路、船舶、航空航天和其他运输设备制造业,平均工资低于全国制造业平均工资 2.9%,低于全国行业平均工资 17.4%。

(四)人力资源支撑实证分析

一是本科及以上学历劳动者占比较小。汽车制造业,金属制品业以及金属制品、机械和设备修理业三个行业中,本科及以上学历劳动者占比较小(如图 3 所示)。学历层次反映了劳动者通过后天学习获得的基本知识水平与文化素养,高学历劳动者占比较大的企业通常拥有更多可开发的人力资源。从图 3 中可以看出,不同行业中,高中、中专或技校以及大专学历劳动者占有相当比例,是行业生态主要的人力资源。关于初中及以下学历劳动者占比,

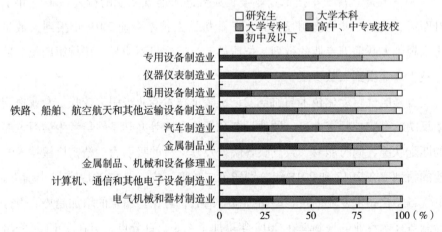

图 3 2019 年分行业不同学历人数占比

金属制品业为 42.8%，计算机、通信和其他电子设备制造业为 36.3%，说明以上两个行业劳动者学历层次总体偏低，人力资源丰裕程度不足。铁路、船舶、航空航天和其他运输设备制造业劳动者学历结构在各行业中有显著优势，大专及以上劳动者占比较高。其中，大专学历劳动者占比为 31.9%，大学本科学历劳动者占比为 22.1%，研究生学历劳动者占比为 3.1%。

二是劳动者技能支撑不足。对于计算机、通信和其他电子设备制造业，汽车制造业以及仪器仪表制造业，三类岗位中的中高级职称人数占比相对较少（如图 4 所示）。职称级别用以衡量劳动者的工作技能水平，中级和高级

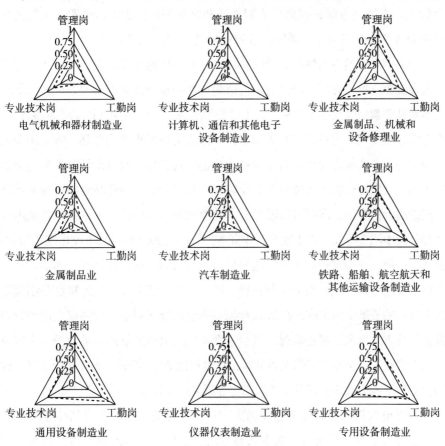

图 4　分行业不同岗位上中高级职称人数占比

数据来源：2019 年四川省企业从业人员工资报酬微观数据库。

职称人数比例越大，说明行业人力资源质量越高，人力资源支撑力越强。2019 年四川省现代装备制造业分行业不同岗位的中高级职称人数占比情况显示，计算机、通信和其他电子设备制造业的人力资源支撑力较弱，其管理岗的中高级职称人数占比在三类岗位中最高，但也仅为 22.9%，低于其他几个行业。汽车制造业和仪器仪表制造业管理岗的中高级职称人数占比处于中游水平，但专业技术岗和工勤岗的中高级职称人数占比劣势明显。专业技术岗方面，仪器仪表制造业和汽车制造业的中高级职称人数占比分别为 12.1% 和 18.4%，略高于计算机、通信和其他电子设备制造业，但远低于其余行业。工勤岗方面，仪器仪表制造业和汽车制造业的中高级职称人数占比分别为 3.9% 和 11.7%，同样在各行业中处于较低水平。

三是汽车制造业与铁路、船舶、航空航天和其他运输设备制造业两个行业的人力资源支撑力有所下降。资本价值构成在一定程度上能反映企业投入货币资本及其要素组合的技术水平，资本价值构成越大，说明同等技术装备条件下，企业能以更少的人力资源进行价值生产，即人力资源支撑力越强。本文用非人工成本与人工成本之比作为资本价值构成的代理指标。假定市场的价格扭曲程度不高，且资本价值构成能够充分反映资本技术构成，则商品价格变动大致能表现商品价值变动，同时可以通过资本价值构成的测度评估资本有机构成的变化趋势。由图 5 可知，以下四个行业资本价值构成 2022 年第一季度出现了增加：金属制品业；通用设备制造业；电气机械和器材制造业；计算机、通信和其他电子设备制造业。汽车制造业与铁路、船舶、航空航天和其他运输设备制造业两个行业的资本价值构成，在 2022 年第一季度出现了减少，说明以上两个行业要素组合方式出现了某些状况，以至于需要依靠更多数量的劳动力投入来维持当前生产状态，企业生产的人力资源支撑力相比 2021 年第一季度有所下降，这同设备折旧或淘汰更新以及生产线调整等诸多因素有关。

四是电气机械和器材制造业的人力资源支撑力较强，金属制品业的人力资源支撑力最弱。行业人工成本效益可由劳动生产率、人事费用率和人工成本利润率等指标进行综合衡量。一般而言，一个企业劳动生产率和人工成本利润率越高，人事费用率越低，说明企业人力资源支撑力越强，投入相同的

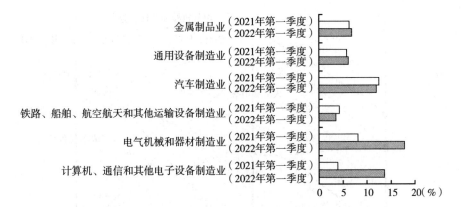

图 5　2021 年和 2022 年第一季度分行业资本价值构成

注：受限于收据可获得性，图中仅列示 6 个行业。

人工成本能获得相对多的产出、利润和以更少的人工成本维持企业正常经营。将劳动生产率、人事费用率和人工成本利润率三个指标进行标准化处理，其中人事费用率由于是负向指标，标准化处理后变为可比的正向指标，三个指标标准化处理后取值范围均在 0 到 1 的闭区间内。图 6 展示了四川省 2022 年第一季度部分现代装备制造业行业人工成本效益标准化值对比。电气机械和器材制造业在三个指标上均有较好表现，劳动生产率标准化值仅次于汽车制造业，人事费用率和人工成本利润率标准化值在几个行业中位居第一，说明该行业在人力资源投入使用方面具有明显优势。铁路、船舶、航空航天和其他运输设备制造业的人工成本利润率标准化值较高，但人事费用率和劳动生产率标准化值均处于低位，说明该行业运用人力资源创造利润的能力较强，但经营成本相对较高，且生产效率欠佳。金属制品业在三个指标上的表现都欠佳，其人工成本利润率标准化值仅高于汽车制造业，劳动生产率标准化值在几个行业中最低，人事费用率标准化值排在倒数第三位，说明该行业除在人工成本方面控制得相对较好外，生产效率和利润创造能力还有较大提升空间。

　　五是行业薪酬吸引力以及人力资源支撑状况分析。作为结构分析的常用统计量，分位数用于衡量特定指标的数值经排序后的基本情况，能反映出指标的结构化特征。低位数指一组数据从小到大排序中后 5% 的平均数，中位

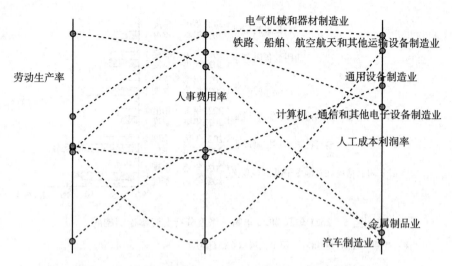

图6　2022年第一季度部分行业人工成本效益标准化值对比

数据来源：四川省人力资源和社会保障厅。

数指一组数据排序后中间50%的平均数，高位数指一组数据从小到大排序前5%的平均数。对分行业的工资价位、人工成本效益进行分析，有助于识别行业薪酬吸引力以及人力资源支撑状况。

（1）44.4%的行业薪酬吸引力较弱。金属制品业等四个行业工资价位在各类分位数上均不如其余行业，表明这四个行业的整体薪酬吸引力较弱，相应的人工成本较小。铁路、船舶、航空航天和其他运输设备制造业，在工资价位五类分位数上均位居前三（如表1所示）。电气机械和器材制造业除上四分位数外，其他分位数均位居前三，表明以上两个行业整体薪酬吸引力较强。

表1　工资价位分位数

单位：元

行业	低位数	下四分位数	中位数	上四分位数	高位数
金属制品业	2275	2860	4000	5637	7539
通用设备制造业	2333	3047	4016	5567	7948
专用设备制造业	2200	2700	3550	5471	7350
汽车制造业	2564	3129	4207	5928	8571

行业	低位数	下四分位数	中位数	上四分位数	高位数
铁路、船舶、航空航天和其他运输设备制造业	3296	4213	5592	7807	10877
电气机械和器材制造业	2817	3467	4517	6342	9813
计算机、通信和其他电子设备制造业	2697	3264	4289	5521	7292
仪器仪表制造业	2100	2768	4045	7672	10993
金属制品、机械和设备修理业	3582	3786	3971	6456	8956

数据来源：2020 年四川省企业从业人员工资报酬微观数据库。

（2）仪器仪表制造业与金属制品、机械和设备修理业的人工成本相对较大。如表 2 所示，仪器仪表制造业、专用设备制造业在五类分位数上的人事费用率均较高，表明两个行业的人事费用率总体较高。仪器仪表制造业与金属制品、机械和设备修理业在低位数、下四分位数和中位数上均高于其他行业，表明即便是这两个行业中人事费用率较低的企业，其人事费用率也普遍高于其他行业企业，人工成本相对较大。

表 2　人事费用率分位数

行业	低位数	下四分位数	中位数	上四分位数	高位数
金属制品业	0.03	0.06	0.13	0.19	0.34
通用设备制造业	0.06	0.10	0.16	0.30	0.42
专用设备制造业	0.11	0.14	0.24	0.44	0.78
汽车制造业	0.09	0.14	0.18	0.26	0.44
铁路、船舶、航空航天和其他运输设备制造业	0.08	0.17	0.19	0.30	0.44
电气机械和器材制造业	0.04	0.06	0.09	0.22	0.34
计算机、通信和其他电子设备制造业	0.08	0.11	0.26	0.47	0.66
仪器仪表制造业	0.17	0.30	0.30	0.72	0.72
金属制品、机械和设备修理业	0.33	0.33	0.35	0.35	0.35

数据来源：2020 年四川省企业人工成本微观数据库。

表 3 所示为分行业人工成本利润率分位数。通用设备制造业的人工成本利润率在上四分位数和高位数上进入行业前三，但在中位数、低位数和下四分位数上没有明显优势。以上数据表明既定人工成本下，该行业企业能创造相对更多利润，但存在两极分化的情况。该行业人工成本利润率相对较低的企业，与其他行业企业横向对比也缺乏明显优势，而该行业人工成本利润率相对较高的部分企业，与其他行业企业横向对比则具有较大优势。

表 3 人工成本利润率分位数

行业	低位数	下四分位数	中位数	上四分位数	高位数
金属制品业	−0.42	0.01	0.34	0.47	1.00
通用设备制造业	−0.59	−0.04	0.06	0.47	1.53
专用设备制造业	0.01	0.06	0.19	0.69	1.07
汽车制造业	−2.56	−0.43	0.04	0.30	1.06
铁路、船舶、航空航天和其他运输设备制造业	−0.46	−0.20	0.15	0.36	1.31
电气机械和器材制造业	−0.28	0.03	0.20	0.37	0.72
计算机、通信和其他电子设备制造业	−0.38	0.01	0.03	0.36	1.46
仪器仪表制造业	0.01	0.01	0.11	0.14	0.23
金属制品、机械和设备修理业	0.17	0.17	0.20	0.24	0.24

数据来源：2020 年四川省企业人工成本微观数据库。

六是科创能力有待提升。采取多层前向反馈式神经网络，基于机器学习算法[①]，根据 2019 年四川省企业人工成本微观数据库中现代装备制造业有关信息，构建数量和质量两个方面的人力资源投入与利润总额之间的输入输出关系。利用人为生成的非真实数据进行数值模拟，考察人力资源投入变动对企业价值创造水平产生的影响。

---

① 具体参见 R 语言机器学习包"neuralnet"。

数值模拟结果①表明，在保持其他投入不变的情况下，就业人数或人工成本的增加，会导致行业中各企业利润总额两极分化。从图7和图8中可以看出，随着人工成本的增加，行业中企业利润总额差异性增强，其利润总额

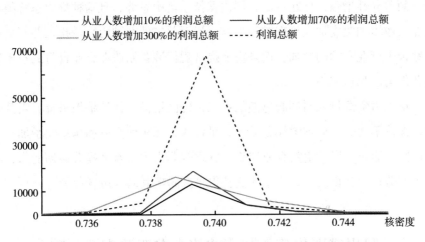

图7 劳动力要素数量变动情形下的利润总额核密度曲线

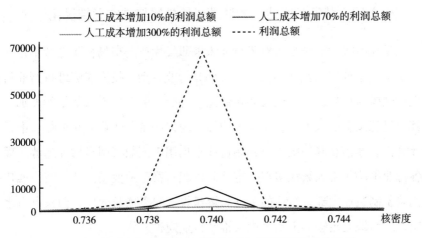

图8 劳动力要素价值变动情形下的利润总额核密度曲线

---

① 具体模拟计算过程资料备索。

标准化值不再集中于某一区间，说明当同时增加所有企业人工成本时，部分优势企业将利用自身禀赋优势获得多市场份额，而其余企业将因无法提供人力资源发挥作用的条件造成利润下降。随着从业人数的增加，行业中企业利润总额差异性增强，但在一定区间内保持了集中态势，且这种集中态势随着从业人数增加幅度加大呈现明显左移，说明单纯的劳动力数量投入并不能很好地带来行业利润的增加，而是需要提升现代装备制造业企业自身的技术装备条件与之相适应。

从人力资源投入与利润总额的人工神经网络模型估计结果来看，当其他投入保持不变时，单纯增加劳动力数量投入，无法使企业利润总额增加。由此可知，通过阶段性更新企业知识、管理等非人力要素来提升科创能力，同时增加劳动力数量投入，企业才能获得更多超额利润与市场份额。

三　四川省现代装备制造业的人力资源支撑问题分析

（一）现代装备制造业人力资源供给总量与结构亟待优化

一是现有人力资源投入对于行业未来研发生产与市场扩张支撑不足。在技术水平一定或变动幅度不大时，大部分行业劳动力投入能够维持行业目前的生产规模与市场份额，现代装备制造业各行业劳动力投入数量的增加意味着其数量意义上的人力资源支撑力增强。现代装备制造业的 9 个行业中，只有计算机、通信和其他电子设备制造业平均用工人数有明显增加趋势，而其余各行业平均用工人数大多在一定区间内相对稳定地变动。这说明，四川省现代装备制造业大部分行业的劳动力数量投入缺乏增长效应，而只具有水平效应，从而缺乏足够的劳动力投入推动行业规模扩张。

二是行业用工分布不均。以人工成本利润率衡量各行业用工情况，金属制品业等六个行业的人力资源支撑呈现不平衡发展，低位数均表现为负数，除电气机械和器材制造业外，其余五个行业的高位数均大于 1，行业内各企业间人力资源支撑力分化程度较高。以高位数作为参照标准，只有通用设备制造业等三个行业存在具有较高人力资源支撑力的企业。金属制品业、专用设备制造业、汽车制造业三个行业人力资源支撑力处于一般水平，虽无劣势但也缺乏明显优势。电气机械和器材制造业等三个行业人力资源支撑力较弱，直接表现为行业人工成本利润率在各分位数上均较低。

（二）企业生产经营效益不高导致对高素质人力资源的吸引力不强

金属制品业、专用设备制造业等行业"质量"效应不足。薪酬变化在一定程度上能够反映劳动力真实需求变动，除非发生周期性技术冲击意义上的要素替代过程，薪酬降低一般意味着企业可能更多通过劳动力数量的增加以维持和扩大生产，人力资源支撑更多偏向数量而非质量层面，由此则降低了企业生产的技术密集程度，即"质量"效应不足，进而降低企业创新发展与资本更新速度。数据显示，2020年仅有37.5%的装备制造业行业薪酬同比增加，其余各行业均面临不同程度的薪酬降低。

（三）现代装备制造业人才培养存在明显短板

一是基础和前沿领域专业人才培养不足。从四川省各大职业技术类院校报到和毕业情况来看，工业机器人技术、精密机械技术和飞行器制造技术等前沿领域专业热度不高，人才供给缺乏明显优势。相比其他专业，就读飞行器制造技术专业的人数有所降低。

二是专业技术人才培育不足。管理岗、专业技术岗和工勤岗三类岗位中高级职称人数占比均较高的行业较少，行业整体缺乏足够的高技能人才支撑。大多数行业在高技能人才配置上存在不均衡现象，少数行业在三类岗位上的高技能人才配置均不足。计算机、通信和其他电子设备制造业在三类岗位中的中高级职称人员配置均较少。电气机械和器材制造业、金属制品业、汽车制造业和仪器仪表制造业四个行业中，工勤岗中高级职称人数占比均较低。金属制品、机械和设备修理业工勤岗中技能型人才相对缺乏，人才结构比例失衡。铁路、船舶、航空航天和其他运输设备制造业与专用设备制造业两个行业的专业技术岗中高级职称人数占比相对较低。

（四）现代装备制造业高层次和创新型人才较为缺乏

除铁路、船舶、航空航天和其他运输设备制造业外，其余行业大专及以上学历劳动者占比较低。高学历劳动者通常在学习新知识与创新能力方面具有优势，同时也能为增加人才多样性创造条件，如通过学习和工作积累进入不同类型岗位参加劳动，因此保持一定数量的高学历劳动者仍是必要的。大部分行业目前以高中、中专或技校及以下学历劳动者为主，缺乏高学历劳动者，研发投入与科技创新发展还有待进一步加强。

四 优化四川省现代装备制造业人力资源支撑体系的建议

（一）以现代装备制造业转型发展带动就业总量提升

生产要素投入与配置相对停滞的情况下，企业人力资源支撑力将被锁定，而要实现要素发展与生产能力提升，企业必须不断推动价值链重塑与创新发展，通过盈利水平的不断提高和薪酬增加来吸纳更多劳动力等要素。同时，现代装备制造行业的技术升级也能提高生产线的科技含量，推动形成广泛的"干中学"积累效应，由此带来人力资源支撑力的内源式增强。

因此，应充分发挥政策引领功效，基于地方财税和金融工具，持续加大对现代装备制造业特别是重点企业的支持力度，从而间接调控行业企业薪酬决定机制，增强对优质劳动力的集聚能力。促使四川省现代装备制造业内部各企业转变经营观念，从而推动生产模式与行业生态良性发展。此外，还应通过家庭文化重塑、降低家庭税负、保障女性权益等措施，建立健全四川省人口长效发展机制，缓解老龄化对劳动力结构的不利冲击。

一是推动产业价值链多向度延伸，打造产业发展新的生长点。横向拓展装备制造业务范围，形成价值链宽度。现代装备制造业的技术密集程度通常高于其他行业部门，存在较大价值链拓展空间，进一步强化装备制造关联业务运营，持续发展诸如装备制造核心技术咨询服务、战略性投资等业务，有助于实现经营业务复杂化，拓展价值变现空间。同时，将非核心业务适当外包以实现扁平化的组织结构，提高生产的专业化程度。纵向延展装备制造生产环节，提高部门结构的精细化程度，将与核心装备制造技术及产品有关的研发设计、维修保养与市场流通等经营活动内部化，在降低市场成本的同时提高产品生产率和服务化程度。

二是积极培育装备制造创新驱动发展能力。依托企业自身资金积累，加大资本循环与周转中的装备制造技术研发投入比例。利用现有资本市场资源及有关金融工具，吸收企业外社会资本对技术研发形成支持。不断完善更新企业知识产权战略，将企业智力资产市场化机制的作用发挥至最大。基于创新能力提升带来的商品溢价，进一步打造域内外品牌国际化形象，形成商品价值跨域空间效应。

三是构建动态化人力资源配置机制。不同类别、层次的生产要素配置比例均会随着生产方式的变革而有所差别。对企业财务指标进行动态监测，并结合企业生产销售具体情况实时调整劳动力投入计划。在企业技术密集程度提高带来生产方式不断变革之际，市场份额会不断提高，而国内外经济的发展又会对装备制造提出更多需求，从而带来市场容量的扩展。对此，应考虑投入更多劳动力要素，特别是高技能或具有较高知识水平的劳动者，通过吸纳更多劳动者参与、适应和促进装备制造生产过程，扩大人力资源支撑的力度与范围。优化薪酬调整制度，通过薪酬反周期调节稳定装备制造行业就业局势，特别是确保高端装备制造业的薪酬吸引力，避免高端人力资源的行业流失。

（二）推动形成现代化智能制造院校人才培养体系

智能制造是现代装备制造业的重要组成部分，不断夯实智能制造人力资源基础，保证智能制造人才充分涌流是推动智能制造可持续发展的关键所在。职业技术院校是智能制造人力资源生成和供给的重要实体，加快完善现代化智能制造院校人才培养体系，有助于将智能制造人力资源变资产，进而形成有效人力资本存量。

一是加快院校智能制造教学治理转型。由于数字经济的迅猛发展，制造业转型升级速度加快，智能制造时代劳动力需求具有变化快、多元化和定制化等特点。各职业技术院校应加大与地方政府和企业的合作力度，明确自身发展定位，以产教融合为核心目标开展各项智能制造教学管理与评价工作。探索实施专业化动态化课程转换机制，如成立产业教学发展研究机构，针对智能制造产业结构调整以及新工艺、新技术和新业态不定期调整专业课程设置。创新院校教师评估认定体系，破除"唯论文""唯学历"等观念，综合评价教学人员在科研、技术和知识水平等方面的能力，从高新智能技术产业引进专业人才担任教职，提升院校教学软实力。优化完善院校教学设备和实验室折旧机制，加强有关工业机器人和可编程硬件设备等的教学实训一体化场所建设。努力打造一批国家级、省级智能制造教学实训基地，将教学、研究与技术应用相结合，实现智能制造教学内容在技术层面的具体化。

二是建构智能制造专业人才对口输出机制。通过院校、政府与企业共建共治共享，建构智能制造专业人才对口输出机制。以产业政策作为智能制造人才培养的方向引领，通过设置特色专业培育具有基础研究能力的人才，以适应产业政策的核心规划。以企业需求作为智能制造人才培养的价值支撑，智能制造企业需求是劳动力市场配置的集中表现，重视与企业发展相衔接的人才培养，有助于最大化智能制造人才价值。以院校特色作为智能制造人才培养的核心方向，扬长避短，充分发挥院校在智能制造方面的软硬件优势，同时不断弥补智能化教学装备以及师资队伍等方面的不足。

三是建立健全智能制造专业信息公开化体制机制。持续加强与不同所有制初高中教育机构合作，提高中学师生与家长对职业技术院校智能制造专业的认知水平，使之了解并熟悉其专业课程设置以及人才培养方案，以提高院校智能制造专业的报考率和报到率。提高院校智能制造专业网络化水平，契合信息化时代主要依托网络通信传播信息流的特点，以企业级水平搭建院校主页，同时构建有特色有内容的智能制造专业。

（三）建立健全社会化装备制造人才培养体系

紧扣省委、省政府发布的《关于加快构建"5+1"现代产业体系推动工业高质量发展的意见》和全省现代装备制造业的发展需要，加快培养造就技术技能人才和高素质产业人才。

一是建立适应经济转型升级的现代职业教育体系。建立教育链、人才链、知识链和产业链协同发展机制，强化校企协同育人，推进职业教育精准对接产业和行业发展需求。

二是积极发挥技工院校在技能人才培养中的重要作用。加大对本地技工院校的扶持力度，加强校企合作人力资源开发模式，引导产业园区和大型企业开展定制化培养、专业定向吸纳。

三是建立覆盖城乡劳动者的终身职业培训制度。大规模开展岗前、在岗职业技能培训，推动职业培训由服务特定群体向实行普惠发展转变，由侧重就业技能培训向强化岗位技能提升培训转变。

（四）加快完善装备制造人才培养与发展体制机制

一是培养适应装备制造业发展的科技人才和高水平创新团队。实施更加积极开放有效的人才政策，加快培养具有国际竞争力的高层次人才，统筹用好国内和国外优秀科技人才，为装备制造业创新发展提供有力的人才支撑。顺应产业结构迈向中高端水平的趋势，建立健全以创新创造为导向的人才培养机制，加快培养适应创新驱动转型发展和能够突破关键技术、引领学科发展、带动产业转型的创新型领军人才。完善海内外高层次专业技术人才来川创新创业特殊支持政策，依托海外人才工作联络站、海外引才工作站，打造国际人才交流平台，鼓励和扶持海外留学生、高校师生与科研院所专家通过带技术、带专利、带项目、带团队等形式来川创业，引导人才向产业带和经济区聚集。以科技型企业为重点，重点扶持运用自主知识产权或核心技术创新创业的优秀创业人才，培养造就一批具有创新精神的企业家。

二是创新人才培育、引进、评价、使用、激励机制，深化人才发展体制

机制改革。加快推动人才开发与产业发展、创新发展深度融合，加大创新创业人才培养支持力度，完善基础教育与职业技术教育相结合、教育与实践相结合的人力资源培养体系，注重系统培养、分类培养和个性化培养。从规范职位分类和职业标准入手，建立以岗位职责要求为基础，以品德、能力和业绩为导向，符合各类人才特点的评价标准。加快建立健全与社会主义市场经济体制相适应、与工作业绩紧密联系、充分体现人才价值、有利于激发人才活力和维护人才合法权益的分配激励和保障制度。

三是确立人才投资优先地位。逐步改善经济社会发展的要素投入结构，加大人力资本投资力度，鼓励和引导社会、用人单位、个人以多种方式加大人才投入力度，形成多元化人才投入机制，加快形成人力资本积累优势。

（五）促进引才方式创新与用才机制优化

装备制造业具有的资本、知识和技术等多重密集型特点，使得构建起一支有知识、懂技术和爱岗敬业的高素质人才队伍尤为重要。当今世界环境瞬息万变，装备制造业市场竞争激烈，尖端技术成为各装备制造业企业竞相追逐的焦点。因此，应不断优化装备制造业人力资源结构，构建引才方式创新与用才机制优化"两翼齐飞"的人力资源使用体系。保持一定比例的中高级职称人数，以更好地推动装备制造企业研发创新、工艺突破与技术价值转化。

一是建立健全渠道多元、内容丰富和流转顺畅的人才流动机制。人才流动既有人才流入也包括人才流出。对人才引进的年龄要求实行软约束，不刻意限定人才年龄，要认识到大龄劳动者技术知识积累的重要性，通过企业内部"传帮带"协作机制将之转化为实际效能。拓展人才引进空间维度，不仅重视引进本地人才，也应当意识到省外和国外人才的重要性。加强与第三方专业装备制造人力资源服务机构合作，加快产品研发设计、成批生产和营销推广等各个环节的人才队伍建设，实现装备制造人才多样化。适当突破薪酬限制，提升企业薪酬吸引力，同时给予专业技术岗、管理岗和工勤岗三类岗位人才以同等待遇，重视管理岗和工勤岗人才在生产过程中的"催化剂"作用，深刻认识到他们在提高要素组合能级、加快要素配置和价值转化等方面的巨大作用。赋予一线基层技术工人与高端技术工人同等待遇，夯实装备制造人力资源基础。优化完善人才流出机制，拟定公平合理离职章程，对因故离职人才按规定予以补偿，不拖欠工资和绩效等，不仅有利于企业形象塑造，也能促进人才在行业范围内顺畅流动，推动装备制造业人才有序循环与合理配置。

二是建立人才区域协调发展机制。立足各装备制造业重点城市产业发展方向，共同推动装备制造人才引进。通过建立畅通的区域间沟通渠道，形成各具特色的装备制造城市群，避免"人才打架"，降低不同城市的内卷化程度。

三是形成双层人才评价机制。对装备制造业中高级职称人才实行社会效益个人评估制度，从企业利润中提取资金作为奖金来源，充分彰显和肯定人才价值，极大地激发他们为全社会劳动的意识与荣誉感。建立客观公正的评奖评优体系，连通用人单位评价考核渠道与人才成长信息反馈回路。将中高级职称人员的工作业绩和成就充分体现在各类表彰上，同时在职称评定方面予以体现，达到明晰人才成长路线和防止人才流失的目的。

四是营造全面可持续装备制造人才成长环境。针对装备制造业技术复杂性强与行业技术更迭快两大特点，面向行业发展的前沿领域，探索实施人才知识更新制度，鼓励普通装备制造业职工不断学习新技能，参加各类职称培训与考核。对于获得国家科技进步奖或对企业、行业在特定领域的技术突破有重大贡献的人员，可破格赋予更高级职称。对于高学历人员可提前给予中高级职称待遇，在他们符合评定条件后进入正式评定程序，以此将装备制造人才资源的高学历化与高技能化相结合。

（六）优化装备制造业人力资源发展环境

一是优化人文法治环境。积极培育创新创业文化，倡导"四个尊重"的价值导向，加大知识产权保护力度，以更加开放的姿态和海纳百川的胸怀

接纳各类优秀人才，引导全社会共同为各类人才施展才华提供良好的环境和宽广的平台。

二是优化公共服务环境。围绕打造服务型政府，深化"放管服"改革，借助大数据、互联网搭建劳动者满意的人力资源服务平台，根据不同群体、不同就业创业阶段、多层次需求，提供均等化、专业化、智能化的就业创业服务和人才服务。

三是优化生活工作环境。全面推进实施县（市、区）人才安居工程，探索实施高层次人才住房补贴和奖励政策，优化本省生活设施环境和国际化的生活环境。全面推进企业社会责任履行，完善工资决定和正常增长机制，提高劳动者工资收入水平。注重以宜居、宜业为导向，制定实施特殊政策，为引进的人才提供施展才华的良好平台，大力引进用好科学发展急需的人才和智力。

四是加快发展人力资源服务业。引导资本、技术、人才等要素集聚，重点打造一批有核心产品、技术含量高的人力资源服务业骨干企业，推进人力资源服务业产业化发展，推动建立人力资源服务产业园。整合人才市场、劳动力市场，研究制定人力资源市场服务标准，建设四川装备制造专业人才市场，支持德阳建设重大装备制造人力资源市场，更好发挥专业性、区域性人力资源市场的集聚发展和辐射带动作用。

（七）实现创新发展与激励相容有机结合

数量层面的人力资源支撑力提升，前提是推动活劳动的资本结构发生有利于生产效率提高的改变，或者这种改变已经发生但缺少必要的劳动力投入，此时增加劳动力数量投入能够释放人力资源价值创造的潜能。要从数量层面提高人力资源支撑力，需要以资本技术构成提高为根本目标，具体到企业管理则是要实现企业生产流通诸环节的创新驱动发展。质量层面的人力资源支撑力提升，需以劳动力价值创造比例保持不变或有所提高为基本要件。在其他条件不变的情况下，构建有助于增强劳动者积极性的激励制度，如此才可能形成质量意义上的人力资源支撑力提升，单纯投入可变资本无助于价值创造比例的提高，即人工成本的提高需以激励制度优化为先决要件。

　　一是利用政策杠杆撬动行业自主创新能力，形成配套科技人才制度。建立健全行业创新效率评价体系，消除财政信贷资金创新投入中存在的堵点和瘀点，提高创新资金的使用效率，避免资金低效使用与闲置。以三次分配制度为施策基础，鼓励社会资本向政府、企业和大学等科研机构的投放，强化基础理论和应用研究，促进国内外科技交流。鼓励通过搭建产学研一体化链条，解决关键领域卡脖子技术难题，形成装备制造行业领域的决定性突破。出台更多针对性装备制造科技人才制度，构建人才评价容错机制，为装备制造类人才营造良好的发展空间，不因研发周期长、个别项目因不确定性延后或失败而形成负面评价。可由政府牵头注入主体资金形成风投基金，以合理公平的股权结构带动社会资本参与，共担项目风险、共享技术价值收益。

　　二是加快装备制造业数字化转型，大力引进数据分析和管理类人才。数字化转型是产业特别是工业部门生产能力提升的主要发展路径，对于装备制造业在技术深度和广度上均优于大多数行业的门类而言，数字化转型是它们实现以强算力、智能化和网络化为核心创新发展的关键所在。加快数据要素产权立法司法，优化新时代装备制造生产关系，推动数据要素与传统生产要素结合。选树一批数字化装备制造项目和重点企业，建立装备制造各行业信息通信与数据标准化接口，实现可公开数据互联互通，增强上下游产业间在生产设施、工艺择定、产品服务等方面的协调性。持续建设装备制造数字化人才队伍，包括数据搜集与整理人才、数据挖掘与分析人才、大数据战略规划人才等，提高装备制造人力资源对数据要素的运筹能力，减少生产环节不必要的资源消耗与中间品闲置。

　　三是优化装备制造业人员激励制度，构建人工成本效益提升长效机制。摒弃单方面依靠奖惩制度使用人力资源的做法，将劳动者上升渠道明晰化制度化，使得装备制造业劳动者的职业目标与企业自身的经营目标相容。遵循以人为本的基本思路，结合员工自身工作能力与实际需求，建立员工职业培训与生涯规划反馈机制，增强员工荣誉感和归属感。把握装备制造业生产特点，不拘一格使用某方面有特殊才能的员工，通过满足员工个人价值的实现需求形成劳动激励，充分激发员工的积极性、主动性和创造性。

B.10
事业单位绩效工资总量核定机制在新疆的实际应用及其思考

田钦方*

摘　要： 我国事业单位工资制度经历了四次改革，2006 年确立了现行的 "岗位绩效工资制度"。本文结合新疆事业单位工资制度改革实际，从绩效工资总量核定机制不断完善的过程入手，以解决改革中各类问题为基础，论证核定机制的必要性、可行性、合理性。以目前绩效工资总量核定现状为突破点，针对性地提出核定机制科学化、制度化、规范化方面存在的问题，如科学性不足、客观性全局性不足以及合理性不足，并给出对策建议，比如正确理解绩效工资分配权限与绩效工资总量核定的关系、准确把握绩效工资总量核定的尺度和加速建立符合事业单位收入分配特点的行业分类体系等。

关键词： 事业单位　绩效工资　总量核定

一　中国事业单位工资制度的历史沿革

我国事业单位工资制度自中华人民共和国成立以来经历了四次改革：1956 年的职务等级工资制度下工资构成只有等级工资；1985 年工资制度改革的目的在于打破之前形成的平均主义，实行以按劳分配为前提的职务工资制度；1993 年工资制度改革的目的是在实行改革开放建立社会主义市场经

---

* 田钦方，新疆维吾尔自治区人力资源和社会保障厅工资福利处副处长，主要研究领域为事业单位绩效工资。

济体系的前提下，按照按劳分配原则，克服平均主义，根据机关事业单位的特点建立职务等级工资制度；2006年开始至今事业单位执行岗位绩效工资制度。

（一）1956年工资制度改革

1. 改革背景

1955年，国务院决定将待遇制度一律改为货币工资制，以实现全国统一。1955年2月15日发布《中华人民共和国国务院为颁发国家机关工资、包干制工作人员工资、包干费标准表及有关规定的通知》，1955年8月31日周恩来签发《国务院关于国家机关工作人员全部实行工资制和改行货币工资制的命令》，1955年11月21日周恩来签发《国务院关于地方事业单位实行货币工资制和调整工资标准问题的通知》，1956年6月16日国务院全体会议第32次会议通过《国务院关于工资改革的决定》，1956年7月6日发出《国务院关于颁发国家机关工作人员工资方案的通知》。[1] 自此，拉开工资制度改革的帷幕。

2. 改革指导思想及目标

此次改革的指导思想是提高职工工资水平，改进企业、事业单位和国家机关的工资制度，按照按劳分配原则，克服平均主义。目标是更好地激发广大职工的生产积极性和劳动热情，争取提前和超额完成第一个五年计划。

3. 改革的主要内容

实行"职务等级工资制"，取消了原有的工资分配制度和物价补贴制度，规定用货币支付工资；完善了企业职工和机关事业单位工作人员的职务等级工资制度，规定了职务等级和对应的工资标准；工资制度实行"一条龙"式的十一类区工资标准，即每个级别的工资标准都分成十一档，从高到低依次排列，同时等级工资实行十一类区工资标准。

4. 对现行绩效工资的意义

1956年我国实行货币化工资制度改革，最为重要的一点就是坚持按劳

---

① 熊通成：《我国事业单位工资制度改革历史回顾与未来展望》，《秘书》2021年第5期。

分配原则，同时要求克服平均主义，这也是现行绩效工资分配中的原则，同时是现行绩效工资制度按照贡献率取酬的政策渊源。

（二）1985年工资制度改革

1. 改革背景

1978 年 12 月党的十一届三中全会的召开对中华人民共和国成立以来的建设和发展具有划时代的意义，确定了改革开放的政策方针。1979 年随着改革开放政策的实施，我国社会主义建设形成了以计划经济为中心、以市场调节为辅的理念，我国把工作重点转移到社会主义现代化建设上来。1985 年 6 月 4 日，中共中央、国务院发布《国家机关和事业单位工作人员工资制度改革方案》。[①]

2. 改革指导思想及目标

此次改革的指导思想是"尊重知识、尊重人才"，体现了事业单位的特点；目标是通过按劳分配的职务等级工资制度打破自计划经济以来形成的平均主义思想。

3. 改革的主要内容

建立起"以职务工资为主要内容的结构工资制"，不仅充分考虑到工资对生活的保障作用，而且为发挥激励作用，相对拉开了高低职务工资标准的差距；对于事业单位行政人员和专业技术人员，允许各行各业制定符合自身特点的工资结构，可以实行以职务工资为主要内容的结构工资制，也可以实行以职务工资为主要内容的其他工资制度，实行结构工资制的，可以有不同的结构因素；决策权部分下放，工资基本上属于国家主导，奖金的管理决策权下放至国家机关和事业单位。

4. 对现行绩效工资的意义

如果说 1956 年是坚持按劳分配原则的确立，那么 1985 年就是在按劳分配原则下新工资制度体系的初步构建。在 1985 年机关、事业单位工资制度

---

① 何宪：《事业单位工资总额管理的历史演变及启示》，《中国人事科学》2019 年第 11 期。

改革中，我们可以清晰地看见，原有的全国企业、机关、事业单位工资制度大一统格局逐步改革为企业和机关事业单位工资制度。在这里，我们可以看到改革前工资管理权限的过于集中对收入分配产生了负面影响，所以在绩效工资总量核定时，由谁来行使核定权限，怎样区分管的多和管得好，是我们需要深究的问题。

（三）1993年工资制度改革

1. 改革背景

国务院于1989年1月15日批转的《关于深化改革科研单位事业费拨款和收益分配制度的意见》《关于高等学校开展社会服务有关问题的意见》《关于扩大医疗卫生服务有关问题的意见》等均提出，事业费包干结余和创收部分，除提留不低于40%的事业发展基金外，其余部分由单位自主使用。1992年邓小平同志发表"南方谈话"、党的十四大确立了社会主义市场经济体制以后，需要建立起符合机关、事业单位各自特点的工资制度和正常的工资增长机制，国务院印发《关于机关和事业单位工作人员工资制度改革问题的通知》。[①]

2. 改革指导思想及目标

在改革开放建立社会主义市场经济体系的前提下，按照按劳分配原则，克服平均主义，根据机关事业单位的特点建立工资制度，使职工工资与贡献相一致。

3. 改革的主要内容

取消了"十一类区工资"制度，改为地区津贴制度；在制度层面将机关与事业单位分开，实现了事业单位工资制度与机关工资制度的分离，机关工作人员实行职级工资制，事业单位实行五种类型的专业技术工资制度；对事业单位实行分类管理，对于全额拨款、差额拨款、自收自支事业单位提出了"固定部分"和"活的部分"的不同比例；明确地将市场机制引入事业

---

① 熊通成：《我国事业单位工资制度改革历史回顾与未来展望》，《秘书》2021年第5期。

单位工资制度，实现工资中"活的部分"，克服平均主义，将员工的贡献和报酬紧密相连。

4. 对现行绩效工资的意义

1993 年工资制度改革彻底将企业、国家机关、事业单位的工资制度进行了分离，首次确立事业单位结构性工资制度的方向，将事业单位分类改革作为工资分配的基础，引入市场竞争和激励机制，健全了工资增长机制。目前，绩效工资制度是在 1993 年工资制度改革上的再深化。

（四）2006年工资制度改革

1. 改革背景

1993 年的工资制度改革一方面有力地调动了事业单位工作人员的积极性，另一方面也带来了事业单位工资收入差距拉大以及事业单位公益属性弱化的问题。2000 年以来，中共中央组织部、人事部陆续发布一系列事业单位人事制度改革政策，事业单位人事制度改革势在必行，为解决 1993 年工资制度改革以来产生的问题，并适应事业单位人员聘用制度和岗位设置的需要，我国于 2006 年进行了第四次工资制度改革，建立事业单位岗位绩效工资制度。

2. 改革指导思想及目标

通过完善工资调整机制，促进事业单位收入分配的规范化和科学化，保证收入分配与事业单位体制改革相适应，从而激发工作人员的积极性和创造性，在共同努力下提高服务水平，推动事业单位的健康可持续发展。

3. 改革的主要内容

事业单位工作人员工资制度与公务员工资制度既明显区别开来，又保持着一定的衔接关系；充分体现了事业单位岗位聘用制度改革的需要，国家统一规定的基本工资部分都直接或间接地与岗位等级进行挂钩，岗位工资直接与岗位等级挂钩，薪级工资通过规定不同岗位的起点薪级来体现；在工资分配上赋予事业单位较大的自主权；事业单位在核定的绩效工资总量内，按照规范的程序和要求，自主分配。

4. 现行绩效工资实施的意义

2009 年 9 月 2 日，国务院总理温家宝主持召开国务院常务会议，确定了事业单位实施绩效工资分三步展开的计划，从义务教育学校开始，到基层医疗卫生事业单位，再到其他事业单位，各地推动实施事业单位绩效工资制度的时间和进度不尽相同，直到 2016 年底事业单位绩效工资制度才在全国全面实施。此次改革对调动广大事业单位工作人员的工作积极性和稳定人才队伍起到了重要且积极的作用。

二　新疆事业单位绩效工资总量核定改革

新中国成立以来，新疆事业单位工资制度也大致经历了职务等级工资制度（1956 年）、职务结构工资制度（1985 年）、职务等级工资制度（1993 年）和岗位绩效工资制度（2006 年）四个阶段。2006 年 7 月，根据党的十六大和十六届三中全会关于推进事业单位收入分配制度改革的精神，经党中央、国务院批准，人事部、财政部联合印发《事业单位工作人员收入分配制度改革方案》，明确事业单位实行岗位绩效工资制度。新疆事业单位与机关同步进行了收入分配制度改革，2009 年出台了新疆义务教育学校绩效工资相关实施意见；2010 年出台了新疆公共卫生与基层医疗卫生事业单位绩效工资相关实施意见；2013 年出台了新疆其他事业单位绩效工资相关实施指导意见；2014 年全部事业单位整体进行绩效工资制度入轨以来，新疆在核定事业单位绩效工资总量方面进行了不断尝试和改革。

（一）绩效工资总量核定初步尝试阶段

2015 年，新疆人社部门首次下达了关于自治区本级事业单位绩效工资总量核定的通知，会同财政部门初次对自治区本级事业单位绩效工资总量进行核定；同时，其他地州市也参照启动核定绩效工资总量工作。新疆在绩效工资总量核定入轨阶段，主要采取了先入轨、后规范，稳慎推进绩效工资制度的落实，如此总量核定工作才得以顺利推行，绩效工资制度转换的"阵

痛"才得以平稳化解。

考虑到新疆事业单位收入分配的特点，为了合理调控事业单位收入差距，在绩效工资总量核定中谋求相对的"公平"，根据单位收入类别、经费来源渠道、工资收入水平等因素，适当调控事业单位绩效工资总量。财政全额拨款或公益一类事业单位原则上对核增绩效工资不予核定，根据工作人员绩效工资标准总额和年终一次性奖金核定事业单位的绩效工资总量；财政差额补助或公益二类事业单位原则上可按区本级绩效工资水平高出 10% 予以核定；自收自支事业单位原则上可按高出 20% 核定；对未参加清理规范津贴补贴的事业单位，可在清理规范津贴补贴的基础上根据单位实际情况予以核定。①

（二）绩效工资总量核定改革阶段

从 2015 年到 2022 年，新疆事业单位的绩效工资总量核定工作从质疑逐渐转变为认可，但对绩效工资总量核定相对"公平"的这一追求始终未变，人们已不再讨论绩效工资制度本身，而是将对绩效工资制度的质疑集中转移到绩效工资总量核定上，特别是高校、公立医院、生产经营性事业单位和高层次人才集中的事业单位对绩效工资总量核定的关注度越来越高。因此，2019 年按照国家要求，新疆出台了高层次人才相关绩效工资政策，对于高层次人才集中的事业单位在相关绩效考核分配办法完备的情况下，在绩效工资总量核定时予以一定倾斜。2019 年新疆绩效工资总量核定后自有财力较为宽裕的事业单位都分享到绩效工资制度带来的红利，这个红利是直接通过绩效工资总量核定才得以实现的。此阶段绩效工资总量核定总体政策线条粗、精准度不够，但达到了"放水养鱼"和"搞活收入分配"的目的，也是在此基础上确立了新疆绩效工资每年动态调整机制。

---

① 高校、公立医院及部分差额补助、自收自支等收入较高的事业单位未执行事业单位绩效工资政策，仍然按原有水平发放。

（三）绩效工资总量核定深化改革阶段

长期持续实行粗线条绩效工资总量核定，势必会造成小部分事业单位与大部队在收入分配中的不公平，因此自 2023 年起新疆人社和财政部门对绩效工资总量核定由原来的粗线条管理，逐步向精细化建立符合行业特点的收入分配制度方向转型。抓住事业单位收入分配问题中绩效工资制度这一主要矛盾点，关注事业单位绩效工资制度中绩效工资总量核定这一主要方面，按照国家绩效工资分级管理的总要求，首次将绩效工资制度体系化推进，将原有散落在各类绩效工资政策中涉及的绩效工资总量核定政策进行整合，出台了新疆的绩效工资总量核定暂行办法，为新疆开展绩效工资总量核定工作提供了决策依据，为单位申报绩效工资总量提供了有益参考，为实现绩效工资总量核定的公平性提供了制度保障。

三　新疆事业单位绩效工资总量核定基础

（一）绩效工资总量核定的必要性

完善分配制度是"增进民生福祉，提高人民生活品质"的前提，绩效工资制度是最直接最有效的抓手。事业单位不是市场经济的企业，很多事业单位肩负着各类重要公益目标任务，是新疆发展新质生产力的主力军。绩效工资总量核定对规范收入分配秩序、破除事业单位逐利机制、推进公共服务均等化等具有重要作用，是政府引导公共服务事业健康发展必不可少的手段，关系事业单位如何健康有序合理地高质量发展。一是坚持绩效工资总量核定有利于缩小事业单位收入分配差距、规范收入分配秩序，若取消绩效工资总量核定，则将使调控事业单位收入分配格局缺乏重要抓手。二是坚持绩效工资总量核定有利于适度控制事业单位创收规模，若取消绩效工资总量核定，则将失去强化事业单位公益属性、破除事业单位逐利机制的重要抓手。三是坚持绩效工资总量核定有利于促进事业单位人才的合理集聚和流动，若

取消绩效工资总量核定，则将使我国失去平衡人才分布和确保公共服务合理分布的重要抓手。因此，问题的关键在于改进绩效工资总量核定的方法，而不是取消绩效工资总量核定。

（二）绩效工资总量核定的可行性

从政策规定来看，绩效工资总量是由政府有关部门核定的、允许具体事业单位在某一期间可以发放绩效工资的规模。事业单位绩效工资总量核定机制，就是通过寻找一系列影响具体事业单位工资水平的合理因素，建立的用以核定事业单位绩效工资总量或水平的机制。从工资功能定位来看，事业单位绩效工资主要应发挥激励和调节功能，同时也要发挥保障功能，事业单位绩效工资总量核定机制应该有力地促进绩效工资应有功能的发挥。从工资决定因素来看，影响事业单位工资水平确定的因素可分为内在因素和外在因素两大类。事业单位绩效工资总量核定机制应更好地使事业单位工资能够体现外部劳动力市场价位和内在人力资本价值。从工资激励导向来看，事业单位绩效工资总量核定机制应该更好地强化事业单位的公益属性和国家战略责任担当。

（三）绩效工资总量核定的合理性

绩效工资总量核定机制的建立一定不能墨守成规。随着经济社会的高质量发展和新质生产力的提出，我们应该因地制宜，不能简单套用模型，应根据当地实际情况加强调查研究，切实将事业单位绩效工资总量核定作为一个平等交流、制度创新、追求公平的综合平台，以此确保事业单位绩效工资总量核定最终结果的合理性。应该根据当地实际情况，对各要素的权重和分值进行重新赋予，适当留出根据需要进行调整的空间，避免核定机制陷入僵化。核定事业单位绩效工资总量，要注意事业单位工作人员和其他群体之间的平衡关系。尽管工资模块设置不同，但在核定事业单位绩效工资总量时，必须注意事业单位工作人员和当地公务员之间的平衡关系。

四 新疆事业单位绩效工资总量核定现状

2014 年出台了新疆区直其他事业单位绩效工资具体实施办法，至此新疆事业单位全面推行实施绩效工资制度，将原先参照发放的规范后津贴补贴项目实质性地改为绩效工资，明确按照本地公务员各职务规范后津贴补贴水平确定本单位各岗位工作人员绩效工资标准。其中，专业技术岗 13 个标准，管理岗 8 个标准，工勤岗 6 个标准。之后，新疆在调整公务员规范后津贴补贴标准时同步调整事业单位绩效工资标准。并于 2019 年后相继出台了高层次人才、公立医院、高校科研院所等相关的绩效工资政策。

（一）绩效工资总量核定原则

"公平性"是绩效工资总量核定的生命线。2015 年是新疆在绩效工资总量核定中最难推进的阶段，从申报率就不难看出当时新疆本级事业单位对绩效工资总量核定的态度。很多不愿进行申报，对绩效工资总量核定的"公平性"产生了质疑，即便是出台了平稳过渡的核定办法，承诺了稳慎推进、平稳过渡，但也未能从根本上打消顾虑。

"合理性"是绩效工资总量核定的既定目标。2019 年开始扩大了事业单位绩效工资分配自主权，同时出台了高层次人才相关绩效工资指导意见，满足了当时部分高层次人才集中的事业单位和部分生产经营性事业单位对绩效工资总量的合理需求，既能有额度还能自主分配，达到了搞活事业单位的初步预期，部分事业单位也是通过这一红利才实现了有序的发展。

"创新性"是绩效工资总量核定的必要方式。我们要以发展的眼光看待问题，2019 年后虽然事业单位在绩效工资总量核定这个问题上趋于平稳，但我们也应看到，粗线条管理不能长久，且很有可能带来新的不公平，所以绩效工资总量核定不能以老眼光、老思路来看待新问题、新趋势。事业单位绩效工资总量核定不是"谁会哭谁就拿得多"，必须时刻保持创新精神。因此，新疆通过对近 7 年的政策经验积累，同时征求国家、地区、行业、单位

等多方意见，在开展不同层次的调研后出台了全区性的绩效工资总量核定暂行办法。此办法在一定时期内正面回答了绩效工资总量能不能倾斜、向谁倾斜、如何倾斜等久久未决的问题，同时也明确了绩效工资总量核定的因素、核定后分配的权责、核定的程序等一系列问题。

"制度性"是绩效工资总量核定的根本保障。新疆出台绩效工资总量核定暂行办法后，超核定总量发放的现象得到了有效遏制，确保了大多数事业单位在绩效工资总量核定中的相对公平。在制度未能达到事业单位公平合理的预期时，管理难度非常大，因为在某种程度上说制度本身制约了事业单位的高质量发展。事业单位对绩效工资总量的合理诉求未能在制度下得到有效的回应，所以难以控制，但有了合理的制度后，这些问题都迎刃而解。公平合理的制度建立后必须通过制度来进行合理有效的宏观调控，同时加强精准科学的微观核定。

（二）绩效工资总量核定具体推进情况

2015～2018年新疆的核定工作主要按照2015年首次下达的关于自治区本级事业单位绩效工资总量核定的通知的要求开展，公益一类事业单位不核增绩效工资；公益二类和自收自支事业单位分别按单位绩效工资水平10%～20%核增；为推行绩效工资制度入轨，确保原发放水平较高的事业单位执行绩效工资，对实行内部收入分配制度的，按事业单位原发放水平核增绩效工资。2015年，新疆本级全部事业单位中申报核定绩效工资总量单位仅占60%左右。其中，申报高于新疆公务员规范后津贴补贴水平的事业单位占全部事业单位的5%左右，其中：公益二类占有增量单位的90%，自收自支占10%；按公务员规范后津贴补贴水平10%～20%核增单位占26%；按超过公务员规范后津贴补贴水平20%以上核增且已实行内部收入分配制度改革的事业单位，占全部核增事业单位的74%。2016年与2015年情况大体相当，2017年申报核定绩效工资总量的区本级事业单位占80%，其中有核增事业单位占7%。2018年与2017年情况相当。

2019年，新疆加强对事业单位绩效工资总量申报工作的管理，下发

《关于扩大自治区事业单位人员招聘岗位管理和绩效工资分配自主权的通知》，区本级申报核定绩效工资总量的事业单位近100%，其中有核增事业单位占15%。之后几年大体相当。

（三）绩效工资总量核定亟待解决的问题

2006年事业单位实行岗位绩效工资制度以来，全国各地都在绩效工资制度框架内不断创新，改革发展，但事业单位在绩效工资制度中反应最为强烈的都集中在绩效工资总量核定上，因为绩效工资总量核定关系单位、人员的最切身利益。这就需要以共同富裕为目标，以按劳分配为基本原则，以平均主义为最大敌人，不断持续优化和直面事业单位绩效工资总量核定。目前较为集中的反映主要有以下三个方面。一是将事业单位上报的绩效工资总量历史数据作为核定绩效工资总量的重要参考，导致总量核定科学性不足。二是根据重点行业、特殊行业、重点事业单位在经济社会高质量发展中的地位以及对绩效工资总量的需求程度来最终核定总量，导致总量核定客观性全局性不足。三是通过宏观调控缩小事业单位间收入水平差距和通过具体微观核定给予特定事业单位绩效工资总量额度倾斜，存在界定不清的问题，导致总量核定合理性不足。

五　建立符合事业单位行业特点的绩效工资
总量核定机制的对策建议

（一）正确理解绩效工资分配权限与绩效工资总量核定的关系

现在有很多事业单位认为绩效工资自主分配权限应该包括绩效工资总量核定的权限，本文认为这是不对的。绩效工资分配的实质意义在于在单位的职工之间更好地进行分配，视情况而定可以对一些特定的行业赋予更大的分配自主权，甚至是全部的分配自主权，但绩效工资总量核定与绩效工资分配权限一定是并列关系。随着事业单位改革的不断深入，大多数事业单位的工

资收入受国家财政的保障，而国有企业目前实行的是工资总额管理，所以绩效工资分配的自主权不包括绩效工资总量核定，单位可以根据实际情况按照绩效考核分配办法对单位内职工的绩效工资进行合理分配。

（二）准确把握绩效工资总量核定的尺度

根据单位实际情况，在绩效工资总量核定制度内还应有所区分。对于确实能够服务经济社会高质量发展、提升新质生产力的事业单位，我们要坚决予以鼓励，比如职务科技成果转化现金奖励、财政科研项目间接费用于人员绩效、科技成果转化中的"三技服务"等要实行备案管理；对于生产经营和技术开发应用、提供规划、检验检测等相关事业单位，要适度"放水养鱼"，时刻关注市场人力成本，确保这些单位能够在市场中生存；对于高层次人才集中的事业单位，要加以引导，特别是引导它们的收入分配思想格局，让这些单位更有活力，同时对高层次人才要在绩效工资总量核定时予以合理倾斜，确保人才队伍不断层次。

（三）加速建立符合事业单位收入分配特点的行业分类体系

事业单位按照编制部门的要求可以分为公益一类、公益二类等，按照财政保障形式可以分为全额保障、差额保障、自收自支，按照行业分类标准可分为农、林、牧等约 20 个类型。事业单位收入分配的分类起步较晚，目前国家在事业单位收入分配中，基本形成了义务教育、公共卫生、公立医院、高校和科研院所等几大类，建立符合行业特点的收入分配制度，目前是成熟一个确定一个，这种方式是可取的。但在绩效工资总量核定时如参考以上所有分类，将所有分类交织在一起，核定绩效工资总量的精准程度就会受到制约。所以，应加速建立符合事业单位收入分配特点的行业分类体系，并体系化完善绩效工资政策，将事业单位基础性的政策作为框架，同时加快出台基于行业特点的事业单位收入分配细化政策，便于精准核定绩效工资总量。

（四）重视事业单位负责人绩效工资制度建设

事业单位负责人的绩效工资水平是绩效工资总量核定的重要环节，目前负责人绩效工资政策仅停留在方向性上，暂未出台具有现实意义的宏观指导政策。"火车跑得快全凭车头带"，不解决事业单位负责人绩效工资的核定问题就难以构建全面的事业单位绩效工资总量核定机制，所以在此我们还应将各地的实际做法转化为宏观的指导意见，比如新疆目前在绩效工资总量核定时，核定分列了事业单位负责人绩效额度，但核定的额度与其他人员保持多少的比例，负责人绩效考核分配的依据等都还亟待明晰。

（五）厘清核定绩效工资总量与探索高层次人才实行年薪制、协议工资制、项目工资制的关系

目前，对于高层次人才实行年薪制、协议工资制、项目工资制是仅在绩效工资中实施，还是应在岗位绩效工资中实施，存在很大的争议。个别省区市进行了有益尝试，但对于绩效工资总量核定这一具体工作而言可操作性值得商榷。另外，年薪制、协议工资制、项目工资制三者的区别在于什么，是人员范围，还是工作性质，抑或是行业特点，目前制度层面只是对此进行了认可，并未有实质性的指导建议和方向性的政策指引。我们还应对此项政策进行深入研究，以便于通过绩效工资总量核定使之落地见效。

B.11
新零工薪酬支付方式的比较分析

车文楷 展望 李琳*

摘　要：　近年来，伴随着各种互联网平台的诞生，传统的零工逐渐从线下搬到线上，形成了所谓的新零工。本文借鉴其他学者对新零工经济的分类，选取典型企业平台代表，对新零工薪酬支付方式进行了对比分析，并进一步按照薪酬支付是否依托平台，对新零工经济进行了再分类。研究发现，当前我国新零工薪酬支付方式具有收费标准公开透明、有效防止偷税漏税等优点，但也存在企业平台抽成比例参差不齐、规则调整的自主性过强以及资金结算安全性不足等问题。对此，本文有针对性地提出了明确平台抽成比例上限、扩大劳动者话语权和明确平台与劳动者责任划分等对策建议，以期为政府进一步优化薪酬支付方式、保障新零工合法权益等方面提供参考。

关键词：　平台经济　灵活就业　"互联网+"　新零工　薪酬支付

一　引言

（一）零工经济的起源和政策背景

从全球范围来看，零工经济（gig economy）最早可以追溯到20世纪20年代的美国，当时在经济大萧条的背景下，美国采用灵活用工的方式来缓解

---

* 车文楷，滨州职业学院教师，中级经济师，主要研究领域为教育与人力资源管理；展望，中国社会科学院工业经济研究所助理研究员，主要研究领域为人力资本与产业经济；李琳，广西民族大学管理学院硕士研究生，中级经济师，主要研究领域为劳动经济。

失业压力。2008 年，在国际金融危机的背景下，"零工经济"一词逐渐开始流行，大量失业人群试图通过临时性工作来补贴家庭收入，Airbnb、Uber 等匹配即时供求的平台应运而生。麦肯锡对全球 6 个国家 8000 人做的一份调查报告显示，到 2025 年，全球范围内各种在线人才平台有望为全球经济贡献约 2% 的 GDP，创造超过 7000 万个就业岗位。①

从我国来看，零工经济最早可以追溯到计划经济刚结束的时候，2020 年新冠疫情暴发以来，我国经济下行压力加大，越来越多的劳动者采取"打零工""兼职"等方式提高家庭收入，越来越多的企业也采取劳务派遣、业务外包等形式降成本，叠加新一代信息技术的发展，零工经济异军突起，在打造新的增长点、稳定就业、增加居民收入等方面发挥了巨大作用。据中国人力资源和社会保障部门公布的数据，中国灵活就业人员规模超过 2 亿人，预计到 2036 年，其规模将达 4 亿人。②

早在 2019 年，《国务院办公厅关于促进平台经济规范健康发展的指导意见》就指出"鼓励发展平台经济新业态，加快培育新的增长点"，多措并举培育"互联网+"平台，支持零工经济的发展；2021 年《政府工作报告》指出"支持各类劳动力市场、人才市场、零工市场建设，广开就业门路，为有意愿有能力的人创造更多公平就业机会"；同年，人社部等八部门共同印发《关于维护新就业形态劳动者劳动保障权益的指导意见》，旨在加强互联网平台等新就业形态劳动者的权益保障；2022 年，人社部等五部门发布《关于加强零工市场建设 完善求职招聘服务的意见》，明确提出要强化零工市场信息服务，建立零工求职招聘信息服务制度，将零工信息纳入公共就业信息服务范围，强化就业创业培训服务等。从近年来政府部门围绕零工经济密集出台的政策文件来看，主要围绕鼓励支持和规范引导其健康发展两个方面进行。

---

① 张夏恒：《零工经济发展问题研究》，《改革与战略》2020 年第 8 期。
② 张恒、郭梦恬：《零工经济促进共同富裕的机制与路径研究》，《农村金融研究》2022 年第 12 期。

（二）新零工经济的定义和分类

零工经济有新旧之分。传统的零工经济一般是指劳动需求方与劳动供给方形成的短期雇佣关系。随着信息技术的进步，互联网平台在各个领域的应用越来越广泛，传统的零工经济也开始借助互联网平台作为劳动供求双方沟通的桥梁，提高了劳动供求双方匹配的效率。因此，本文对新零工经济的定义是劳动供求双方借助互联网平台进行快速匹配的经济模式①。

为方便后续研究，本文对新零工经济的分类参考清华大学社会科学学院经济学研究所和北京字节跳动公共政策研究院的研究报告《互联网时代零工经济的发展现状、社会影响及其政策建议》，将互联网时代的零工经济分为交通出行、共享住宿、外卖服务、网络直播、专业技能服务、内容创作、知识付费七大类，并分别列举了各类型的典型头部企业。

表1　新零工经济的主要类型

新零工经济类型（领域）	代表公司
交通出行	滴滴出行、嘀嗒出行
共享住宿	小猪民宿、途家网
外卖服务	美团外卖、饿了么
网络直播	抖音、虎牙、斗鱼
专业技能服务	58同城、好大夫在线
内容创作	微信公众号、今日头条
知识付费	知识星球、小鹅通

二　不同类别新零工薪酬支付方式的比较分析

根据上述分类，下面在七种新零工经济领域各选取1~2家头部企业，

---

① 傅端香、李聪：《零工工作者薪酬水平对工作满意度的影响研究——以外卖骑手为例》，《江苏商论》2022年第11期。

对其劳动报酬支付方式进行分析。

交通出行领域，首先选取的代表公司为在中国顺风车市场中份额稳居前二的企业"嘀嗒出行"，该平台司机的收入为乘客支付的总体里程费用扣除抽成后的剩余部分。根据嘀嗒出行发布的数据，抽成比例平均为10%，抽成金额由平台以信息服务费的形式收取。也就是说，嘀嗒出行的司机可以拿到乘客支付金额90%的收入报酬。其次，滴滴出行作为全球卓越的移动出行平台，提供出租车、快车、顺风车、代驾等全面的出行服务。根据它公布的数据，2023年以来，每个月服务时长超过30个小时的司机月均抽成比例为13%。总体而言，五成以上的司机月均抽成比例低于15%，九成以上低于20%。

而在网络直播领域，我们选择了抖音这家市场份额稳居第一的短视频社交平台，抖音上的主播主要有两种类型：一种是个人主播，另一种是公会主播。抛开广告收入和带货收入不谈，主播的收入主要由音浪兑换而来，兑换比例为10音浪＝1元，而音浪主要通过观众赠送礼物等方式获得。其中，个人主播的收入方式较为简单，与抖音五五分成；公会主播需要与抖音和签约公会进行三方分成，其中抖音以平台服务费的形式抽走50%，剩下的50%在公会和主播之间进行分配，如果公会抽走20%，那么主播可以得到50%×（1−20%），即40%的收入。

在专业技能服务领域，我们选取了58同城和好大夫在线两家公司。其中，58同城是一家综合性的分类信息中介平台，公司和个人作为劳动提供方可以在平台上免费或付费发布服务信息，寻找劳动需求并达成合作，收费标准一般由劳动提供方制定；58同城不会在劳动提供方的收入中抽成。以58同城上的保洁服务为例，存在按时间收费和按项目收费两种方式，在山东某城市，单人每个小时的费用为60元左右，冰箱、抽油烟机等单项目的收费在150元左右，信息发布者公布的上述收费标准就是劳动提供者的收入亦即劳动需求者的支出。值得注意的是，虽然劳动提供者（信息发布者）没有将收入的一定比例支付给平台，但可能会在信息发布环节向平台支付信息推广费用来提高所发布信息的曝光率，并且这部分信息推广费用并不是一成不变的，而是根据信息发布者的需求而异。如果信息发布者想短时间、大

量接单，就需要支付较高的信息推广费用。好大夫在线是一家国内领先的互联网医疗平台，2022 年以前平台收入主要是线上诊疗和咨询的服务费，从 2022 年 4 月开始，根据图文、电话、视频几种问诊形式所消耗的平台资源多少，收取 6~20 元的平台服务费，诊疗和咨询的服务费全额归属医生，平台服务费则归属好大夫在线。即平台按照 6~20 元的金额对医生收入进行抽成，而消费者的实际支付金额在几十到几百元不等，折合成抽成比例来计算，该比例一般位于 10%~20% 区间。

在共享住宿领域，我们选取了小猪民宿、途家网这两家提供民宿短租服务的国内共享住宿代表企业。小猪民宿的用户协议规定："如您在上传房源信息前未选择菲住酒店联盟成员身份标识，由您自主设定房源租赁销售价，小猪会收取您在线上实际完成订单总金额的 10% 的款项作为房源发布平台的技术服务费。此技术服务费将自动从房客支付的费用中扣除，您所获得最终收益为扣除技术服务费之后的金额。技术服务费仅在您已完成支付的订单中收取，未有房客预订的房源或交易未成功的订单不收取技术服务费。"途家网的平台服务费和小猪民宿持平，都是 10%，也就是说，小猪民宿、途家网两家平台上的出租方可以得到房客支付费用×90% 的收入。

在外卖服务领域，以美团旗下的网上订餐平台美团外卖为例，涉及多个用户主体，分别是平台、商户、顾客和骑手，其中劳动者包括商户和骑手。商户的收入为顾客实际支付金额－平台服务费〔（菜品原价+打包费）× 23%〕；专职骑手（美团专送）的收入结构由责任底薪和配送提成构成，完成一定单量可领取责任底薪，而配送提成主要与月度单量、出勤时间、好评率等因素有关，工资支付方式为月付；兼职骑手（美团众包）的收入主要是配送提成，与配送单量直接相关，工资支付方式为日结。

在内容创作领域，我们选取腾讯公司旗下的微信公众号（又叫微信公众平台）进行分析，平台劳动者为微信公众号号主，其收入来源主要由三个部分构成：一是读者对其发布的文章进行打赏，平台对这部分收入不进行抽成；二是具有一定粉丝量的账号主体接广告所取得的广告收入，平台对这部分收入抽成 5%；三是账号主体发布付费文章，读者在支付一定金额后获取阅读权限，对于这部分收入，平台同样不抽成。除此之外，公众号主体每年需要进行年审，每年支付 300 元的认证费。

在知识付费领域，我们选取了"知识星球"和"小鹅通"两个知名平台，两个平台的劳动者均是虚拟账号所有者。知识星球是最近几年兴起的一款知识社群工具，可以帮助个人或企业建立社群和进行知识分享，账号所有者的收入来源主要是创建付费社群所获取的广大网友的进群门槛费用，平台会对个人账号所有者的收入进行 20% 的抽佣，对企业账号所有者的收入进行 5% 的抽佣。而小鹅通是一款知识产品与用户服务的私域运营工具，适合于有教学和管理需求的机构和个人，广受广大教育培训机构的喜爱。与知识星球不同的是，小鹅通采取年费制度收取固定的平台使用费用，根据权限不同分成三档，分别是 6800 元、12800 元和 25800 元，账号所有者的收入不通过平台支付，且平台不参与任何抽成。

若将互联网平台在未收取任何费用的情况下劳动提供者的劳动所得定义为应发薪酬，且不考虑税费及保险因素，则各领域劳动提供者的实发薪酬和平台的抽成比例分别如表 2 和表 3 所示。

表 2　各领域新零工劳动者的实发薪酬统计

新零工经济领域	新零工形态	实发薪酬	
交通出行	嘀嗒出行（司机）	应发薪酬（乘客实际支付金额）×(1−X)；$X=10\%$	
	滴滴出行（司机）	应发薪酬（乘客实际支付金额）×(1−X)；$10\% \leqslant X \leqslant 20\%$	
网络直播	抖音（主播）	无公会	应发薪酬（音浪/10）×(1−X)；$X=50\%$
		有公会	应发薪酬（音浪/10）×(1−X)；$X>50\%$
专业技能服务	58 同城（信息发布者）	应发薪酬（消费者实际支付金额）−Y；Y 为固定信息推广费用	
	好大夫在线（医生）（每单收入）	应发薪酬（消费者实际支付金额）−Y；$6 \leqslant Y \leqslant 20$	
共享住宿	小猪民宿（出租方）	应发薪酬（消费者实际支付金额）×(1−X)；$X=10\%$	
	途家网（出租方）		
外卖服务	美团外卖（商户）	应发薪酬（消费者实际支付金额）×(1−X)；$X=23\%$	
	美团外卖（骑手）	责任底薪+配送提成；众包骑手责任底薪为 0	
内容创作	微信公众号（号主）	打赏+阅读付费+广告收入×(1−X%)−Y；$X=5\%$，$Y=300$	

新零工经济领域	新零工形态		实发薪酬
知识付费	知识星球（号主）	个人	应发薪酬（消费者实际支付金额）×（1−X）；X=20%
		企业	应发薪酬（消费者实际支付金额）×（1−X）；X=5%
	小鹅通（号主）		应发薪酬（消费者实际支付金额）−Y；Y=6800/12800/25800

表3 主要新零工业态平台的抽成比例统计

抽成比例	新零工业态平台
50%	抖音
20%~30%	美团外卖
10%~20%（不含）	知识星球、好大夫在线、滴滴出行、嘀嗒出行、小猪民宿、途家网
0~10%（不含）	微信公众号

　　从上述表格中不难看出，绝大部分互联网平台通过抽取劳动提供者劳动所得的一定比例作为所谓的平台服务费或技术服务费，剩余金额归属于零工劳动者，列举的11种新零工形态中有8种采用该种方式，从抽成比例来看，网络直播领域抖音的抽成比例最高，达到50%；其次是外卖服务领域的美团外卖，平台对商户的抽成比例位于20%~30%区间；然后是知识付费领域的知识星球、专业技能服务领域的好大夫在线、交通出行领域的滴滴出行和嘀嗒出行以及共享住宿领域的小猪民宿和途家网，其抽成比例位于10%~20%区间；抽成比例最低的是内容创作领域，抽成比例小于5%。少部分平台（58同城和小鹅通）收取平台使用者固定金额的费用。而美团外卖骑手的薪资结构比较特殊，其收入与消费者的实际支付金额不直接相关，而是根据地区差异由市场化、透明化的责任底薪+配送提成的薪资结构决定。

　　在上文中，我们参考《互联网时代零工经济的发展现状、社会影响及其政策建议》，根据领域不同，将新零工经济划分成七大类。现在，我们已经对上述七类新零工经济劳动提供者的薪酬支付方式进行了具体分析，根据薪酬支付是否依赖平台划分为两大类（如表4所示）。

表 4　新零工劳动者薪酬支付方式分类

薪酬支付方式		新零工经济劳动者
是否依赖平台	劳动收入	
是	与平台分成	滴滴出行司机、嘀嗒出行司机、抖音主播、好大夫在线医生、小猪民宿商家、途家商家、美团商户、微信公众号号主、知识星球号主
	责任底薪+配送提成	美团外卖骑手
否	劳动供求双方约定	58 同城商户、小鹅通号主

三　新零工薪酬支付方式的优劣势分析

通过总结、比较不同新零工薪酬支付方式的差异，不难发现，随着共享经济的发展和进步，在经历了多年的野蛮生长后，新零工经济已经日趋成熟，具备一定的优势，但与传统零工经济相比，作为新生业态，难免还存在漏洞。

（一）当前新零工薪酬支付方式的优势

（1）平台收费标准公开透明。以交通运输（出行）领域为例，早在2021 年，交通运输部等八个部门就对数十家交通运输新业态平台展开了联合约谈；2022 年，交通运输部大力实施交通运输新业态平台企业抽成"阳光行动"，督促道路货运新业态平台向社会公开计价规则，合理设定平台抽成比例上限，在驾驶员端实时显示每单抽成比例。随着一系列"组合拳"的实施，交通运输领域新业态平台公司的收费日趋透明化，且伴随着多家平台公司相继公开抽成比例，逐渐形成了交通运输领域新业态平台公司 30%的隐性抽成比例上限。同样，上文中所列举的其他领域的新零工业态，均可以查到公开的平台收费标准，可见，当前主要新零工业态平台的收费标准已经比较透明。

（2）平台代缴税费，降低了偷税漏税行为的发生概率。以抖音主播和微信公众号号主阅读付费取得的收入为例，二者均是平台代个人缴纳增值

税、附加税和个税之后的金额。新零工业态发展迅速，为广大劳动者提供了更加广阔的就业市场，而一些新零工从业者法律意识淡薄，不知道要履行纳税义务，近年来明星、平台主播等因偷税漏税被惩处的新闻不绝于耳。新零工业态平台的代缴行为，大大降低了新零工从业者偷税漏税行为的发生概率，保障了国家、平台和广大从业者的合法权益。

（二）当前新零工薪酬支付方式的不足之处

（1）抽成比例参差不齐，且不同新零工业态抽成比例差距较大。通过对比不同新零工薪酬支付方式的差异不难看出，平台抽成比例从0到50%不等，且不同领域的抽成比例存在较大差距，网络直播领域抖音对主播的抽成比例高达50%，而内容创作领域微信公众平台对其公众号博主的抽成比例仅为不到5%。

（2）同类新零工在不同平台受到的抽成比例不同，因平台而异。以交通出行领域的嘀嗒出行和滴滴出行，公开报道显示，滴滴出行的抽成比例要高于嘀嗒出行，且滴滴出行平台内对不同司机的抽成比例也是不一样的，尽管滴滴出行对月服务时长超过30个小时的司机的平均抽成比例仅为13%，但仍有10%的司机面临20%以上的抽成比例。

（3）平台调整收费项目的自主性过强，缺乏监督和协商机制。以外卖行业为例，在平台设立初期，为了拓客、挤占市场份额，往往以极低比例的抽成甚至零佣金吸引广大商户入驻，随着用户习惯的养成和市场份额的扩大，以及保障企业运营的需要，平台又会不断提高抽成比例。而这种提高抽成比例的做法往往仅以站内通知的形式告知商户，对于平台上的商户而言，根本没有讨价还价的余地，只有被动接受的选择。

（4）部分新零工的工资跨平台结算，安全性不足。以58同城为例，它仅仅作为一个综合信息发布平台帮助劳动供求双方取得联系、协商并达成合作，但是具体劳动过程线下进行，缺乏对劳动过程的监管，而资金交割一般也是通过微信、支付宝或银行转账的形式进行，仅仅在评价环节才重新回归到58同城，劳动链条残缺，且对人身安全和财产安全的保障力度都有待进一步加大。

四　优化新零工薪酬支付方式的对策建议

（1）完善制度安排，明确平台抽成比例上限。市场监管部门应加强对新零工经济形态的研究，明确对其发展现状的定位及其未来发展趋势的研判，统筹制定新零工业态平台抽成的比例上限；与此同时，行业协会也应该加强对本行业新零工业态的规范和管理，明确本行业平台抽成的比例上限。市场监管部门和行业协会建立信息沟通机制，形成合力，共同规范新零工业态平台的行为。

（2）扩大劳动者话语权，限制新零工业态平台的过度自主行为。充分发挥行业协会的作用，鼓励支持广大新零工从业者在所属行业建立工会组织，限制平台擅自调整服务协议、收费项目、抽成比例等过度自主行为，依法保障广大劳动者的合法权利和利益。

（3）将薪酬支付方式作为认定劳动关系、划分社保缴费责任等的重要依据。在我国传统的"二分法"劳动体系下，用工主体和劳务提供者之间的关系只存在两种：劳动关系和劳务关系。随着新零工经济的发展，传统意义上的劳动关系和劳务关系之间出现了"中间地带"。2021年7月16日，人力资源和社会保障部等八个部门将新零工经济中平台与劳动提供者之间的关系定义为"不完全劳动关系"[①]。通过前面的分析不难发现，大部分新零工经济呈现平台与劳动提供者共享收益（即抽成）的特点。因此，可以将抽成与否、抽成比例高低等因素作为认定劳动关系、划分社保缴费责任的重要参考依据。

（4）明确责任划分，加强平台对劳动行为的全过程监控。针对劳动过程不可控、资金跨平台交割等高风险现象，平台应完善功能模块设置，确保劳动过程实时可控可追溯，并补充资金交割模块，提供从信息发布、沟通接

[①]　武辉芳、谷永超：《我国零工劳动者权益保护的困境与出路》，《北京社会科学》2022年第9期。

洽到劳动过程、资金交割、事后评价等环节的一站式服务，充分保障劳动供求双方的合法权益，避免风险事件对平台形象产生不良影响。

（5）继续大力推行"阳光化"改革。当前，新零工业态平台的收费日趋透明化，但与此同时，平台劳动提供者的收入来源、平台的收费项目也日趋多元化，以抖音主播为例，其收入来源不仅包括礼物打赏，还包括广告收入、带货佣金等项目。在此背景下，应防止平台在透明化的同时走向收费项目、标准复杂化的极端，促进平台收费更加透明化、简单化，充分保障广大劳动者的知情权。

国际篇 ▷

B.12
缩小工资收入差距的国际实践

杨艳玲*

摘　要：　近年来，工资收入差距问题越发引人关注。国际上，通货膨胀与生活成本的上升冲击了实际工资的增长，发达经济体平均工资增幅长期低于劳动生产率增速，以及非正规经济部门劳动者权益覆盖范围小等，成为工资收入差距扩大的推动因素。为了缩小这一差距，各国将目光投向生活工资制度、最低工资政策以及国有企业薪酬分配，开始探索新的分配理念和实践路径。具体而言，有价值的经验包括在工资决定机制中融入生活工资理念，确保工资决定与增长要素更为丰富，实现工资政策实施的多样化，以及依法调节国有企业高管薪酬。

关键词：　工资收入差距　生活工资　最低工资

---

* 杨艳玲，中国劳动和社会保障科学研究院助理研究员，主要研究领域为国内外工资收入分配政策、企业薪酬。

一 国外影响工资收入差距的新因素

（一）通货膨胀、生活成本的上升冲击了实际工资的增长，拉大了高、低工资群体工资收入差距

一是通货膨胀、生活成本的上升造成了实际工资下降。在过去五年中，先是受到新冠疫情的影响，随着世界经济开始从危机中复苏，又受到全球通货膨胀水平上升的影响，许多国家的实际工资增长降至负值，家庭可支配收入和购买力大幅下降，对低收入群体的打击尤为严重。同时，国际地缘冲突导致供应链上游成本增加，基本生活物资价格上涨明显，特别是价格非弹性商品①的价格大幅上涨。国际劳工组织数据显示，2022年上半年，全球人均实际月工资降幅为0.9%，如果将工资增速较高的中国排除在外，同期降幅估计为1.4%。在20国集团（G20）中，发达经济体2022年上半年的实际工资增幅已下降至2.2%，并且这些国家的工薪劳动者约占全球工资雇员总数的60%；此外，虽然新兴经济体的工资有所增长（0.8%），但增速放缓②。这些数据说明，绝大多数国家的名义工资没有得到充分调整，即便有所微调但无法抵消生活成本的上升，导致实际工资下降，可支配的工资收入无法抵消生活成本的上升。

二是通货膨胀和生活成本上升对低收入组家庭可支配收入的影响尤为突出。虽然名义工资的调整考虑到物价因素，但是居民消费价格指数（CPI）衡量的物价成本对不同劳动群体的生活成本将产生不同的效应。例如，食品、住房、能源和交通属于必需品，即便价格上涨，低工资劳动者对这些商品和服务的需求也不会减少。据调查③，在美国，低收入组家庭将其收入的

---

① 价格非弹性商品是指需求量对价格变动不敏感的商品。无论是价格上涨还是下跌，消费者通常会按照自己的需求和习惯来购买这种商品，不会因为价格变动而改变购买量。这类商品通常是一些生活必需品，比如食品、水、药品、必要能源等。

② "The Impact of Inflation and COVID-19 on Wages and Purchasing Power," in *Global Wage Report* 2022-23（International Labour Organization, 2022）, p. 11.

③ Hoynes, H. and Whitmore Schanzenbach D. , U. S, Food and Nutrition Programs. In *Economics of Means-Tested Transfer Programs in the United States*（University of Chicago Press, 2016）.

82%用于基本需求，其中41%用于住房，15%用于食品；相比之下，中等收入组家庭将其收入的78%用于基本需求，其中约33%用于住房，13%用于食品。很明显，低收入组家庭的恩格尔系数①相对于中等收入组家庭更高。因此，即使以居民消费价格指数（CPI）衡量的名义工资随着物价上涨进行调整，低收入家庭劳动者的工资在购买力方面的损失也大于中等或高收入家庭，这是因为他们将大部分可支配收入用于购买基本商品和服务，而这些商品和服务多为价格非弹性的。国际劳工组织发布的《全球工资报告（2022—2023）》显示，在正规经济中工薪劳动者②在2020~2021年，实际平均工资损失了约六周的工资，这在非正规经济劳动者和低工资收入劳动者中更为明显，价格上涨导致生活成本增加，低于十分位数组劳动者比高于十分位数组劳动者生活成本的增幅更大③。这说明，生活成本的上升逐步侵蚀了实际工资的增长，且对低工资群体影响更明显，从而进一步拉大了高、低工资劳动者的工资收入差距。随着这种差距逐步凸显，一些国家在制定收入分配政策时更注重消费、成本与实际工资间的相关性，生活工资理念被重新提上日程。

三是在大多数高收入国家，高收入组劳动者的平均名义工资增速远高于低收入组劳动者。《全球工资报告（2022—2023）》显示，随着疫情结束大多数国家工资水平有所恢复，但低收入组劳动者名义工资增速远低于高收入组劳动者。例如，2022年巴西最低收入组平均名义工资比2019年降低14.1%，而最高收入组的平均名义工资比2019年增长了4.4%。在墨西哥，低收入组平均名义工资较2019年仅增长了0.9%，而高收入组的平均名义工资较2019年增长了4.8%；在加拿大，低收入组的工资收入购买力下降了

---

① 恩格尔系数（Engel's Coefficient）是食品支出总额占个人消费支出总额的比重。19世纪德国统计学家恩格尔根据统计资料，对消费结构的变化得出一个规律：一个家庭的收入越少，家庭收入中（或总支出中）用来购买食物的支出所占的比例就越大，随着家庭收入的增加，家庭收入中（或总支出中）用来购买食物的支出的比例则会下降。

② 以工资为主要收入的劳动者。

③ "The Impact of Inflation and COVID-19 on Wages and Purchasing Power," in *Global Wage Report* 2022-23（International Labour Organization，2022），p. 53.

1.3%，而高收入组名义工资收入增长帮助他们保持了相当于 2019 年的购买力水平，他们的实际工资仅下降了 0.1%①。

（二）发达经济体平均工资增幅长期低于劳动生产率增速，劳动收入占比持续下降

劳动生产率增长是推动工资增长的关键因素。《全球工资报告（2022—2023）》显示②，自 20 世纪 80 年代初以来，绝大多数大型发达经济体的平均工资增长一直落后于平均劳动生产率增长。在 52 个有数据可查的高收入国家中，1999~2022 年，年均劳动生产率增幅为 1.2%，年均实际工资增长0.6% 左右。劳动生产率与实际工资增长之间的差距在 2022 年达到 12.6 个百分点，达到 21 世纪初以来的最大差距。造成这一现象的主要原因在于一些高收入国家劳动收入占比（劳动报酬占国内生产总值的比重）逐年下降。劳动收入占比不仅在发达国家，同时也在新兴市场和发展中经济体中出现不同程度的下降。自 20 世纪 90 年代中期以来，大多数国家的劳动收入份额有所下降，这一趋势导致劳动生产率与实际劳动收入增长之间的脱钩③。

（三）非正规经济部门劳动者权益覆盖范围小，劳动者获取足额报酬的权益尚未得到保护

一是疫情结束后，在非正规经济部门就业的劳动者比例大幅增加。在世界各地，近 60% 的就业人口为非正规就业人员，以家政人员、临时工和微型企业劳动者居多。非正规就业劳动者的数量从 2005 年的约 17 亿人增加到2024 年的 20 亿人④。特别是，新兴市场和发展中经济体中正规就业人员和

---

① "The Impact of Inflation and COVID-19 on Wages and Purchasing Power," in *Global Wage Report* 2022-23 (International Labour Organization, 2022), p. 84.

② "The Impact of Inflation and COVID-19 on Wages and Purchasing Power," in *Global Wage Report* 2022-23 (International Labour Organization, 2022), p. 53.

③ 《世界经济展望》，国际货币基金组织，2017。

④ "The Impact of Inflation and COVID-19 on Wages and Purchasing Power," in *Global Wage Report* 2022-23 (International Labour Organization, 2022), p. 33.

非正规就业人员之间进行更频繁的流动，非正规就业部门的复苏，比正规就业部门更快、更强劲。（1）许多非正规就业者重返劳动力市场。（2）以前在劳动力大军之外的人开始在非正规经济部门就业，以增加家庭收入，弥补疫情期间受到的损失。（3）正式工作的非正式化。因为失业而重新就业的人员，其有可能进入非正规化劳动力市场，特别是建筑、批发和零售贸易等行业。国际劳工组织数据显示，在全球范围内，非正规就业劳动者的工资是正规就业劳动者的56%，截至2022年，全球有5.85亿贫困劳动者主要集中在工薪阶层和非正规就业劳动者阶层①。

二是非正规就业劳动者的工资权益难以保障。首先，疫情结束后，许多国家提高了最低工资，但最低工资调整频率并不固定，仅有一半实施最低工资保障制度的国家每两年调整一次，其他国家和地区多年未调整最低工资水平。还有一些国家扩大了最低工资的适用范围，但仍有18%的国家将农民工、家庭佣工排除在最低工资条例适用范围之外。此外，非正规经济部门中，绝大多数为小、微型企业，平均生产率远低于正规经济部门，而生产率增长引致工资增长只有在有效的劳动制度和社会对话的情况下才有可能实现，所以非正规就业群体无论是所处的经济地位，还是议价的能力均处于弱势。在法律、监管框架和政策实践中，他们没有得到承认或充分保护，集体谈判权、最低工资保障权益等也没有得到很好的保障。因此要使非正规就业劳动者的劳动权益得到保护，让最低工资发挥效力，就必须采取措施，推动劳动保障制度更加完善和规范。

二 国外距缩小工资收入差距的政策趋势与新实践

（一）生活工资成为推动包容性增长的国际普遍实践

生活工资理念对于保障劳动报酬权益具有重大意义，是可持续发展理念

---

① "The Impact of Inflation and COVID-19 on Wages and Purchasing Power," in *Global Wage Report* 2022-23 (International Labour Organization, 2022), p. 35.

的具体实践。劳动收入在国民收入中的占比不断下降、通胀加剧、生活成本上涨、实际工资下降、最低工资在非正规就业领域覆盖率低等诸多因素，显现出传统收入分配理念和政策与当下包容性、可持续经济增长之间的矛盾。在各种变革和调整的催化下，一些国际组织和国家开始探索劳动者公平分享发展成果的新思路。2024年3月13日，国际劳工组织第350届理事会会议形成了《关于工资政策问题（包括生活工资）专家会议报告的决议》（以下简称《决议》），《决议》将"生活工资"作为全球工资政策的最新方向，这标志着生活工资进入了普遍性、实质性的推广阶段①。

生活工资制度是解决工资性收入低、工资增长与劳动生产率增长脱节等现实问题的有效探索。截至2022年底，全球约有5.85亿贫困劳动者，其中既有在正规经济部门就业的工人，也有在非正规经济部门工作的工人。世界上还有约10%的国家没有建立最低工资制度。因此生活工资制度是保障劳动者及其家庭成员体面生活的基本机制，同时也是企业维持可持续发展的基石。

生活工资是促进包容性增长和企业可持续发展的重要工具。全球生活工资联盟对生活工资的定义是"工人在某一特定地点按标准工作周获得的报酬，足以为工人及其家人提供体面的生活。体面生活水平的要素包括食物、水、住房、教育、医疗保健、交通、衣服和其他基本需求，包括为意外事件提供保障"②。一些国际组织、国家、企业等已经将"生活工资"作为更具包容性的经济增长的模式的一部分。支付生活工资的企业有助于保持竞争力、提高企业人力资源质量，同时该行为也展示了企业的可持续发展理念，这将帮助企业获得更多的合作机会和资金。例如，欧盟《企业可持续发展报告指令》（CSRD）③（自2023年1月5日起生效）和欧洲可持续发展报告

---

① 王霞、张燕婷：《国际社会加快推行以"生活工资"为基准的工资政策》，《劳动和社会保障政策研究》2024年第7期。

② "What is a Living Wage," Global Living Wage Coalition, https：//globallivingwage.org/about/what-is-a-living-wage/.

③ Directive（EU）2022/2464 of the European Parliament and of the Council of 14 December 2022 Amending Regulation（EU）No. 537/2014, Directive 2004/109/EC, Directive 2006/43/EC and Directive 2013/34/EU, as Regards Corporate Sustainability Reporting, L 322/15.

准则（ESRS），要求企业确保为企业员工和价值链中的工人支付"足够的工资"①。根据欧洲可持续发展报告准则，欧洲经济区以外地理区域基础生活工资按当地标准进行估算。社会责任国际组织（SAI）要求获得认证的公司为其员工支付生活工资。2019 年 OECD 与主要全球性公司呼吁更多公司加入商业包容性发展联盟（Business for Inclusive Growth），以打造更为开放包容的职场环境，改善整个价值链中的人权状况。2023 年，荷兰、德国、比利时和卢森堡共同签署了《关于生活工资和生活收入的联合宣言》，呼吁建立合作伙伴关系，保障工人的生活工资和生活收入②。

在国际实践中，生活工资作为一种分配理念，既是劳动者应对日益增长的生活成本的一种措施，也是帮助低工资劳动者通过生活成本要素来提高工资水平的新思路、新机制。一些国家的生活工资分强制性和非强制性两种，实施强制性生活工资的国家，以美国为例，1994 年美国的巴尔的摩市出台第一个生活工资法案后，洛杉矶、波士顿、芝加哥也陆续出台各自的生活工资法案，可以看出美国强制性生活工资的实施多以城市为主体。实施非强制性生活工资的国家，如加拿大，其生活工资信息发布于全国性的门户网站，目的是为社区交流和企业信息共享提供更多的支持，其中包括生活工资的定义、计算方法等，这些都是非官方组织出台的指导性的生活工资相关标准。英国的生活工资较为特殊，强制性与非强制性相结合，且存在不同的实施主体。英国有伦敦城市生活工资和英国生活工资两种形式，发起主体是非官方组织"英国公民联盟"，企业可自愿参与。但近些年一些特定的行业、产业链和商业联盟被要求强制执行英国生活工资，并把其作为基本工资中的分配要素，并非生活津贴或补助。在此基础上，英国陆续提出了生活养老金、生活时间标准等相关的分配标准，生活工资作为一种新的分配理念在初次、二次分配中开始发挥作用。

① European Sustainability Reporting Standards（for workers in the value chain see page 195）.
② 王霞、张燕婷：《国际社会加快推行以"生活工资"为基准的工资政策》，《劳动和社会保障政策研究》2024 年第 7 期。

（二）最低工资政策向着包容性、精细化方向完善

一是最低工资制度的法律覆盖范围延伸到一些特殊行业、小费雇员和残疾雇员。随着经济和劳动力市场的不断变化，为保障更多劳动者的工资权益，在过去的几年诸多国家都扩大最低工资的法律覆盖范围，将最低工资受益群体延伸到特殊行业、小费雇员和残疾雇员等范畴。例如，日本将最低工资范围扩大，将最低工资分为两种类型：一种是适用于该地区所有工人的"地区最低工资"，而不考虑行业差异；另一种是比地区最低工资标准更高的"特定最低工资"，适用于特定行业（机电设备制造业、汽车零售业等）的工人[1]。加拿大对年轻雇员、家庭雇员、残疾雇员、农场工人实行不同的最低工资。

二是加强最低工资在非正规就业劳动者中的应用，主要体现在为自雇佣者、平台从业人员设定最低工资标准。例如，欧盟中比利时、保加利亚、克罗地亚、法国、德国、希腊、匈牙利、意大利、马耳他、波兰、葡萄牙、罗马尼亚和斯洛文尼亚等13个成员国为自雇佣者规定了法定最低工资，匈牙利和波兰两个成员国将法定最低工资适用范围扩大至个体经营者[2]。美国加州2020年通过的"22号提案"规定零工经济从业者（包括打车软件的司机）应获得不低于加州最低工资标准的120%的收入[3]。

三是最低工资标准的设定更为精细化。近几年在国际实践中最低工资标准的设定不仅基于经济因素，还考虑家庭需求、生活成本、消费价格等相关指标。消费品价格的上涨，通常对低收入家庭的不利影响较大，因为低收入家庭将收入的很大一部分用于购买价格非弹性商品和服务，特别是食品、住房和交通。因此一些国家调整最低工资时将低收入家庭面临的较高生活成本

---

① 贾东岚：《最低工资政策——影响效应及制度实际》，研究出版社，2021。

② 贾东岚、祝慧琳、刘军胜：《全球最低工资制度分析报告》，《劳动和社会保障政策研究》2024年第8期。

③ 贾东岚、祝慧琳、刘军胜：《全球最低工资制度分析报告》，《劳动和社会保障政策研究》2024年第8期。

以及宏观经济因素考虑在内，形成多角度全面的测算公式。但这样的测算公式，在应用不同指标时，也需要进行更准确的评估。例如，在巴西，国家消费者价格指数（INPC）被用来调整最低工资，这不同于一般价格指数，它更侧重于对价格非弹性商品的测量，并将收入较低家庭分为八个消费组来计算，它涵盖除了收入最高组之外的所有工薪阶层，并且更重视贫困家庭的商品消费，自 2011 年以来，它一直是巴西用来调整最低工资的主要指数。在美国，城市工薪阶层和文职人员的消费者价格指数（CPI-W），不同于城市消费者的消费者价格指数（CPI-U），它更多地考虑了中低收入工人，但在美国，CPI-W 最初专门用于调整社会保障和退休福利费用，自 2024 年起美国多个州（如纽约州、新泽西州等）的最低工资也将按 CPI-W 进行增幅的调整。

四是最低工资制度更为系统化，与多项制度合力，在保障劳动报酬权益的同时，引导企业可持续发展。职业特征、技能水平被纳入特殊群体最低工资标准制定中。为了更好地保障公共事业中的从业人员，新加坡于 2012 年6 月推出累进式工资模式（Progressive Wage Model，PWM）。通过为公共环卫工人、园林养护工、协警等从业人员建立一条较为清晰的职业发展通道，其工资能够随着自身能力和行业生产力、生产标准的提高而得到增长；同时雇主可以通过参与"累进式工资模式"计划，获得相应培训费用和信贷、捐赠等资助。累进式工资模式是一种旨在帮助低工资劳动者实现与技能和生产力水平相符的可持续性的工资增长的模式。具体做法是为公共环卫工人、园林养护工和协警等服务岗位劳动者设置具体的工资阶梯，每个工资阶梯由一系列工资点组成，旨在使阶梯的所有级别工人的工资能够进入下一个工资点。这些工资点由工会、行业组织、相关政府机构和利益相关者（如服务购买者和供应商）协商后确定，考虑的因素包括技能、工作质量和标准、部门生产率、就业情况和工资等因素。累进式工资模式具有两个典型特征。首先是强制性，要求只有签订"累进式工资模式"合同的企业，才能获得或更新经营牌照。其次是多项优惠政策合理，对签订了"累进式工资模式"合同的服务商，政府提供一系列配套优惠制度。例如，"工作福利培训支援

计划"的目的是鼓励服务提供商参与培训，改进工作流程和运营规划，有效提高人力配置，并在技术上进行投资，以提高生产率。参与该项培训计划的雇主均可获得培训支援计划资金和技术方面的资助，从而降低培训成本和技术投入成本。再如，信贷优先。采用累进式工资模式的服务商，可以优先获得创新信贷资金。

（三）完善国有企业薪酬分配治理体系成为维护社会收入分配公平的重要抓手

一是采取法规或政策限制高管薪酬水平。近十年，经济合作与发展组织中约有 2/3 的国家对国有企业董事会和主要行政高管的薪酬采取了法定或政策限制（比如芬兰、瑞士、挪威、意大利、西班牙、匈牙利、拉脱维亚、立陶宛）[1]。在法律和政策框架下，国有企业高管薪酬水平的决定依据主要有三种：（1）由国有企业薪酬委员会提出并制定；（2）由中央所有权单位（主管国有资产的政府单位）根据私营部门基准，按比例进行确定；（3）根据高管薪酬法律规定，基于公共部门的工资水平进行确定和调整。但是无论以哪种标准为依据，总体上国有企业高管的薪酬水平都低于同等职位的市场水平。

二是强调国有企业的社会价值，在企业绩效考核中加强对社会效益、技术创新类考核指标的评估。在国际实践中，大多数国有企业被分类为市场竞争型和社会公益型，同时经济合作与发展组织中的大多数国家为国有企业绩效考核设定了比较规范、细致的考核标准[2]，并突出对国有企业的社会价值和科技创新能力的考核。例如，韩国政府将业绩指标中"社会价值"部分从 20 分（满分 100 分）提高到 30 分。其中"社会价值"组成部分包括：创造就业机会、平等机会、社会融合、安全和环境、地方发展和道德管理

---

① "Remuneration of Boards of Directors and Executive Mmanagement in State-Owned Enterprises," OECD, 2022.

② "Remuneration of Boards of Directors and Executive Management in State-Owned Enterprises," OECD, 2022.

等。此外，还设立了创新（3分）和创新增长（2分）两项新指标。

三是加强了对高管薪酬的审核与披露制度建设。经济合作与发展组织出台的《OECD 国有企业公司治理指引》①指出，所有成员国国有企业应确保董事会成员和主要高管薪酬的高度透明。这一措施在国际实践中也被重视和采用。例如，瑞典、比利时国有企业高管薪酬信息主要披露在其年度报告中，并在国有企业主管部门的网站上公开；在巴西，公司网站上专门开辟了类似的信息披露栏；澳大利亚、葡萄牙、秘鲁、韩国建立了中央在线门户网站，汇集了国家投资组合中所有国有企业的薪酬信息。从 2023 年起，经济合作与发展组织大多数成员国国有企业（包括非上市实体）被要求发布年度薪酬报告，对国有企业薪酬进行披露。在披露薪酬信息的范围方面，英国为提高信息披露透明度，在高管薪酬政策、薪酬与业绩的关联性、薪酬委员会作用等方面规范报告书，从而促进薪酬信息披露制度的发展。《德国商法典》的第 285 条对薪酬披露信息进行规定，要求披露监事会和董事会成员的薪酬信息，包括薪酬总额、基本工资、分红、保险费、在职消费津贴、佣金以及其他福利等信息。

三　缩小工资收入差距的国际经验

通过以上观察、分析和总结可以看出，国际上缩小工资收入差距主要是从宏观、微观两方面入手，前者侧重于包容性、可持续性、平等的收入分配理念，后者强调契约性、成本性、引导性等方面的治理方法。

（一）工资决定机制中融入生活工资理念，包容与可持续发展理念有机结合

无论是欧盟还是美国，为缩小工资收入差距都考虑到生活工资理念。无论是最低生活工资、法定生活工资，还是非强制性生活工资，生活成本都逐

---

① *OECD Guidelines on Corporate Governance of State-Owned Enterprises* (OECD, 2015).

步成为工资决定因素的一部分。随着经济形势变化、技术革新，低工资群体和非正规就业群体的劳动生产率不能单一地作为衡量劳动者工资收入的指标，工资的决定因素应该更多元、更包容，在劳动者足额工资收入与企业可持续发展之间找到平衡。

（二）工资政策多样化，强制性与引导性有机结合

以英国生活工资为例，英国目前是全球唯一一个集强制性和非强制性生活工资制度于一体的国家，不同政策相互贯穿又互相结合，构建了多层次多样化的工资收入分配政策体系①。新加坡"累进式工资模式"在特定领域的劳动者所在行业企业均强制执行，但是实施该模式的企业能享受税收、融资、招商、技术革新、技能培训等方面的多项优惠政策。这种多层次、多样化的工资政策，不仅保障了劳动者工资权益，也为企业可持续发展提供多方面的引导和支持。

（三）加强国有企业高管薪酬管理和法律建设，薪酬信息披露机制进一步完善

加强国有企业高管薪酬管理和法律建设。经济合作与发展组织多数成员国都设立国有企业治理法规或规章，这也是制定"国有企业高管薪酬工资分配指引"的主要法律依据。在高管薪酬管理方面，法律法规要求全面落实对"董、监、高"的薪酬决策，明确决策程序和权责。在信息披露方面，近些年多数发达国家对高管薪酬信息披露的深度和广度方面也做出更详细的要求。

---

① 贾东岚：《最低工资政策——影响效应及制度实际》，研究出版社，2021。

B.13
日本最低工资制度发展经验

贾东岚*

摘　要：　本文综合整理了日本最低工资制度的发展历程，现行制度运行的组织管理体制、概念与标准计算口径、适用范围及其效力以及最低工资标准调整机制和参考因素，分析了日本最低工资标准变动特征，最后总结了日本最低工资制度经验：一是分级设立的最低工资审议会有效平衡了多方利益关系；二是温和调控的中央宏观指导地方机制有效增强了区域经济协调性；三是统筹协调的制度理念系统提升了收入分配制度的整合性。

关键词：　日本　最低工资　公共援助

一　日本最低工资制度的发展

1959 年日本开始实施《最低工资法》，标志着日本最低工资制度正式建立。该法确定了决定地区最低工资标准的两种方式：一种是以欧洲相关法案为蓝本的"集体协议扩展适用法"（简称"集体协议法"），主要基于当地占主导地位的劳资集体谈判所形成的协议；另一种是"委员会法"，主要基于最低工资委员会的调查和磋商。然而，由于日本工会多数建立在企业层面，缺乏能够覆盖一定区域的行业级协议，"集体协议法"的覆盖范围有限，而"委员会法"仅是一种辅助方法，因此 1959 年《最低工资法》覆盖群体很小。

---

* 贾东岚，中国劳动和社会保障科学研究院副研究员，主要研究领域为工资收入分配和劳动关系。

1968 年，日本对《最低工资法》进行了第一次重大修订①，削弱了"集体协议法"的主导地位，改为重点采用"委员会法"确定最低工资标准。此次修订使得最低工资标准的覆盖范围逐步扩大，为后续制度的完善奠定了基础。至 1976 年初，所有都道府县都制定了最低工资标准，《最低工资法》基本覆盖了全体劳动者。

此后，日本最低工资制度又进行了两方面完善。一是加强宏观指导，1978 年日本中央最低工资委员会发布地区（划分若干等级）最低工资标准的"指导意见"制度，确保全国范围内地区最低工资标准协调一致。但是在实践中，劳资之间的分歧都比较大，以至于中央最低工资委员会只发布了关于指导性增长的"公众意见"而非官方建议，不过该指导意见仍旧对地区最低工资委员会的决定具有重大影响，改善了日本缺乏统一的全国最低工资标准的情况。二是重新调整行业最低工资标准，随着地区最低工资标准逐步占据主导地位，从 1982 年起行业最低工资标准逐步收缩让位，只有在必要时才进行制定，且其标准应当高于适用地区的最低工资标准。

2007 年，日本又对《最低工资法》进行了重大修订。一是明确以地区最低工资制度为核心，由各地确定最低工资标准，为所有劳动者提供基本安全网和工资底线保障。二是考虑到临时工就业日益增多，将最低工资标准的形式由原来的"月、周、日、小时"调整为"小时"，并进一步明晰了地区最低工资标准调整时的参考因素，如该地区工人的生活费和工资、普通企业的工资支付能力等。三是在考虑"工人生活费用"的同时，还"考虑与公共援助措施相一致，使劳动者能够维持最低限度的健康和有文化的生活水平"，这实际上反映了对最低工资制度风险的认识。此前最低工资水平过低，即使工人全职工作所获得的收入也低于公共援助水平，并不利于实际工作。公共援助和最低工资自然有不同的用途，不能直接比较，但它们的设计应该避免产生降低工作意愿的道德风险。四是加大违法处罚力度，将最高刑

---

① Hiroya N., " A New Departure in the Japanese Minimum Wage Legislation," *Japan Labor Review*, 2009, 6 (2).

事处罚标准由原来的 1 万日元提高到 50 万日元，提高违反地区最低工资标准的成本，促进最低工资标准的实际落实。

二　日本现行最低工资政策概况

《最低工资法》明确，日本政府设立最低工资制度的目的是通过保证低薪工人的最低工资水平来改善工作条件，帮助提高劳动人口的素质，确保企业之间的公平竞争，并促进国民经济的健康发展。

（一）组织管理体制

日本厚生劳动省负责最低工资制度的运行。最低工资标准审议、评估和调整由最低工资审议委员会确定。最低工资委员会是一个三方机构，由同等数量的劳动者、雇主和公众代表组成，分为中央及地区（都、道、府、县）两级。这种三方协调结构确保了决策的平衡性和多元性，能够充分考虑到各方利益和地区经济社会条件差异。目前，中央最低工资委员会由分别代表劳动者、雇主、专家的各 5 名代表组成。自 1978 年以来，中央最低工资委员会每年都会向地区提出提高地区最低工资标准的指导意见[1]。

（二）概念与计算口径

1. 最低工资的概念

"最低工资标准"中的"工资"主要遵从日本《劳动基准法》第一章第 11 条的相关规定，即"不论其称为工资、薪金、津贴、分红或其他名称，系指雇主对工人所支付的劳动报酬"。厚生劳动省网站明确不包括以下报酬类别：（1）临时支付的工资（结婚补贴等）；（2）每超过 1 个月支付周期支付的工资（奖金等）；（3）对超过规定劳动时间的劳动支付的工资（加班费等）；（4）对规定劳动日以外劳动支付的工资（休息日加班工资等）；

---

①　贾东岚：《国外最低工资》，中国劳动和社会保障出版社，2014。

（5）对晚上 10 点到凌晨 5 点之间的劳动支付工资中，超过通常的劳动时间的工资计算额的部分（深夜溢价工资等）；（6）全勤津贴、通勤津贴及家庭津贴。

2. 计算标准

日本最低工资标准以"小时"为单位计算，按天、周、月支付的工资，需将金额除以每天、每周、每月规定的工作小时数换算为小时工资。在实际操作中，如果员工的工资支付方式不是以货币形式，或者雇主需要从员工的工资中扣除一些费用，比如膳食费、住宿费或其他为员工提供的实物服务的费用，这些非货币形式的工资或扣除项都必须经过适当的评估和计算，以确保这些金额能够公平地反映在员工的实际收入中。

（三）适用范围及其效力

日本最低工资标准包含地区最低工资标准和特定最低工资标准。其中，地区最低工资标准适用于该地区内的所有从业人员（包含钟点工，兼职、临时、委托等所有雇佣形态），全国各地区都必须制定。根据劳动研修机构的推算数据，该制度覆盖了约 5100 万劳动者。特定最低工资标准则高于地区最低工资标准，适用于在同一地区特定行业（如机电设备制造、汽车零售等）的劳动者。

据厚生劳动省数据，截至 2023 年 3 月，日本全国有 226 项特定最低工资标准。其中，225 项面向各都道府县内的特定产业，1 项为全国标准（"全国非金属矿业最低工资"）。该制度适用劳动者人数约 300 万人，主要分布在制造业。如果劳动者适用于多种不同类别的最低工资标准，其有权依据"就高"原则获得报酬。而对双方来说，最低工资标准的民事效力是相同的，即使劳动者和用人单位约定了低于最低工资标准的工资，该协议也无效。

对于以下 5 种类型的劳动者，雇主在最低工资方面可享有一定比例的减免权。一是由于精神或身体残疾而导致劳动能力明显低下的人员；二是处于试用期的人员；三是据《职业能力开发促进法》及厚生劳动省相关规定而接受以掌握职业所需基本技能及其相关知识为内容的训练的人员；四是从事简单业务的人员；五是从事间断劳动的人员。上述最低工资减免特例许可需要由当地劳动基准监督局进行审批。

(四)地区最低工资标准调整机制

日本最低工资标准根据既定的日程表分两个阶段制定。首先中央最低工资委员会制定全国层面的增额指导线，之后各地制定当地最低工资标准。

在国家层面，中央最低工资委员会根据各地的生活费及经济发展水平，将47个都道府县分为ABCD四个等级，每5年重新审查分级。具体分级方式如下：将收入和消费相关指标（5个指标①）、工资相关指标（10个指标②）、企业经营相关指标（5个指标③）指数化处理后，取各个指标平均值④计算综合指标，并将综合指标按照从高到低的顺序排列，按照数据分布决定分级。每年6月，大部分春季工资谈判完成后，厚生劳动大臣向中央最低工资委员会提出要求，委员会内设的"指导意见小组委员会"对标准进行审议，并于7月底向厚生劳动大臣报告每个组别地区性最低工资的调整款额建议。在审议过程中，由于劳资双方的利益往往存在冲突，很少出现劳资意见达成一致的情况⑤。在这种情况下，通常代表公众利益的委员（由学者和律师等组成）具有决定性的作用。公众利益委员会的相关意见将通过各都道府县劳动办公室提交给各地方最低工资委员会。

在地方层面，各都道府县的最低工资委员会（或称审议会）确定各地区的最低工资。委员会的成员来自政府、雇主组织及工会，由劳动基准局局长提名，任期一年，任期届满后可以连任。审议会的成员有15人至20人不

---

① 县民人均收入，雇员报酬，家庭支出，消费者物价地域差指数，标准生活费。
② 不同规模的薪金（两种数据来源），小规模职场的薪金（两种数据来源），女性和未成年兼职劳动者的薪金，小规模职场的低薪阶层的薪金（10%和20%分位数，三种数据来源），高中毕业应届生起薪，中小企业的春季加薪运动（"春斗"）决定金额等。
③ 制造业、建筑业、零售和批发业、一般饮食店和服务业各自的制造品出厂金额、年度产量、年度售价、年度营业额、年度事业收入额。
④ 为了掌握经济情况的中期变化，保障数值稳定性，各个指标原则上取最近五年的平均值。
⑤ 日本厚生劳动省：《中央最低工资委员会标准小组委员会报告》，2022年8月1日。

等，依据各都道府县的大小而定。各都道府县最低工资委员会参考中央指导意见，结合地区经济状况、生活成本、劳动市场特点等因素最终确定并于10月向社会发布标准。尽管中央最低工资委员会提出的指导意见仅供参考，并不具备法律上的强制约束力，但从近年来的实践看，各地区在进行最低工资标准调整时，其调整额度往往与中央最低工资委员会的指导额度相同或接近。

（五）特定最低工资标准调整机制

当相关行业的劳动者或其代表、雇主或其代表提出对最低工资标准的调整申请时，这一申请首先会被提交至相应的地方或中央最低工资委员会。委员会在接到申请后审议申请内容并评估调整的必要性和合理性。若委员会认为调整最低工资标准是有必要的，便会对申请方进行正式答复。经过异议申请的相关手续后，由都道府县劳动局长（或厚生劳动大臣）做出关于调整最低工资的最终决定。

（六）确定最低工资标准的参考因素

地区最低工资标准依据该地区劳动者的生活成本、地区工资水平以及一般企业工资支付能力确定。基于这三个因素，中央最低工资委员会展开深入研究与审议工作。在审议过程中，中央最低工资委员会将参考经济、就业等多方面因素。虽然在法律层面上，就业指标不属于确定地区最低工资标准的考虑因素，但近年来中央最低工资委员会关于修订地区最低工资标准的意见已将其纳入考虑的因素。参考的经济和就业指标具体包括 CPI、生活标准、福利标准、"春斗"、夏季奖金和一次性支付协议、工资调整情况调查结果以及工资和劳动指标时间指数的趋势、名义 GDP、县收入、基于日本银行统计的商业状况、基于中小企业商业调查的商业状况，以及基于企业统计的劳动生产率、失业率、求人倍率、就业不足率等。此外，还有可能参考中小企业政策、就业政策、自然灾害的影响（如日本大地震）、突发公共卫生事件（如新冠疫情）等相关资料。其中，重点需要关注《工资调整情况调查》

中的工资上涨幅度。这项调查提供了不同行业和地区工资水平变化的数据，是评估最低工资标准的重要参考。各地结合指导意见，以实施的"最低工资相关基础调查结果"等资料为基础，通过考察实际工作情况、实际工资情况等，听取劳资相关当事人的意见，同时考虑该地区的生活费、毕业生起薪、劳资商定的企业内最低工资、每个工资层级劳动者的分布情况、实际工资低于预定最低工资的劳动者人数等进行考量①。

此外，要确保最低工资标准不低于公共援助标准。由于公共援助是通过将地区划分六级确定，金额依据年龄和家庭结构有所不同，且存在按需提供各种附加金额（如住房福利）的情况，故发布的指导意见明确最低工资标准实得工资应较单一青少年获得的衣食住等公共救助金之和②有优势，以确保最低工资能够在覆盖基本生活成本外提供额外优势，激励困难群体积极参与就业，通过劳动获得稳定收入。

三　日本最低工资标准变动分析

日本最低工资制度调整、宏观规划目标、政劳资协商等均影响最低工资标准。

第一，2007年《最低工资法》的修订逆转了最低工资与公共援助相关措施的关系。2008年，中央最低工资委员会公益委员指出，在比较最低工资和生活保障水平时，将"以最低工资金额工作法定劳动时间（173.8个小时）时的到手金额（不含税金和社会保险费）"和"从衣食住行相关费用的意义上讲，生活保障中的青年单身家庭生活补助标准的都道府县内人口加权平均值加上住房补助的实际值"进行比较。根据这一规定，日本逐步消除了最低工资和公共福利待遇之间的差异，2014年起，各都道府县的最低工资水平都超过了同口径公共福利水平。最低工资和生活保障的比较方法见图1。

---

① 三菱综合研究所：《关于最低工资的报告》，2022年3月。
② 实践中采用实际住房补贴加上按照都道府县人口加权的公共救助标准的平均值。

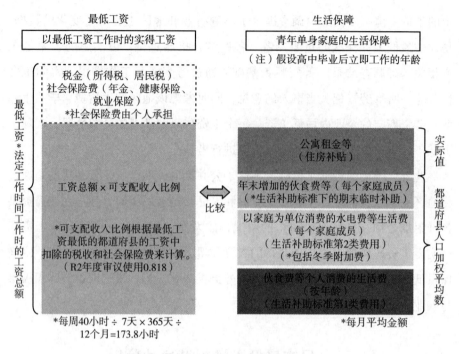

图 1　最低工资和生活保障的比较方法

资料来源：三菱综合研究所 2022 年 3 月发布的《关于最低工资的报告》。

第二，政、劳、资战略对话协议有力促进最低工资提升。战略对话形成的协议中，多次涉及提高最低工资标准的内容，如 2010 年第四次就业战略对话就提高最低工资达成的协议中提出"尽快确保全国最低工资为 800 日元，并根据实际情况进行调整""以全国平均 1000 日元为目标"等相关预期目标。

第三，政府政策积极影响最低工资标准提升。如 2016 年以来《经济财政管理和改革基本政策》、2021 年《增长战略实施计划》等分别提到"名义年增长率基于 GDP 增速"和"目标达到 1000 日元"等增长计划。

（一）最低工资标准绝对值增速提高

2023 年日本各地对最低工资标准进行了调整，最低工资的加权平均值达到 1004 日元/小时，同比增长 4.5%，达到 2002 年以来最高增速。从历史数据来看，2008~2023 年，日本最低工资标准的年均增速为 2.4%，特别是 2016 年以来年均增速达到 2.9%，快于 2002~2007 年 0.7% 的年均增速①。

（二）最低工资占平均工资比重提升

自 2002 年以来，日本最低工资占平均工资的比重由 2002 年的 28.6% 增长到 2022 年的 39.9%，这一变化反映了日本政府在提高最低工资标准方面的持续努力，以及对提高低收入群体生活水平的重视。此外，同期最低工资占工资中位数的比重由 32.5% 提高到 45.6%，整体上相对水平逐年攀升，最低工资与工资中位数之间的差距正在缩小，最低工资水平相对于整个工资分布的中点位置有所调整。

（三）最低工资对工资增长的影响效应增强

最低工资修改后，工资低于最低工资金额的劳动者比例称为"影响率"，也即由于最低工资上涨而直接受到工资上涨效应影响的劳动者的比例。而在最低工资金额修改前，低于最低工资金额的劳动者比例称为"未满率"。

厚生劳动省报告显示，2016 年至 2019 年在员工人数少于 30 人的小型企业中，影响率均超过 10%（见图 2）。即使考虑所有企业（员工人数 5 人以上），2019 年最低工资标准调整后直接受到工资上涨效应影响的劳动者比例也达到 6.1%，同年小型企业中的影响率更是高达 16.3%，2020 年受新冠疫情影响，影响率下降至 4.7%②。

从未满率的变化趋势来看，员工人数少于 30 人的小型企业近年来未满率有所上升，但始终保持在 2% 左右。纵观所有企业（员工人数 5 人以上），该比例近年来一直呈上升趋势，但仍保持在 2% 以内。

---

① 三菱综合研究所：《关于最低工资的报告》，2022 年 3 月。
② 三菱综合研究所：《关于最低工资的报告》，2022 年 3 月。

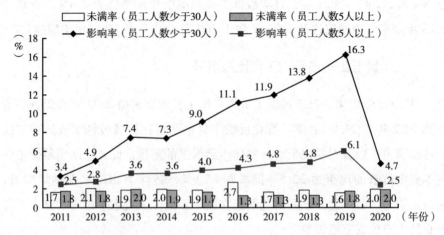

图 2　最低工资未满率和影响率年度变化（2011~2020 年）

数据来源：厚生劳动省《最低工资基础调查》、厚生劳动省《工资结构基本统计调查》（特别统计）。

（四）最低工资的违规率先升后降

对最低工资法等执行情况的监督指导由劳动基准监督署进行，主要从不履行风险较高的行业中选定企业作为监督对象。据厚生劳动省对过去 10 年最低工资监督指导结果的报告，最低工资违规率由 2012 年的 8.3% 逐年提高到 2017 年的 14.1%，随后降至 12%~13%，2021 年回落至 8.1%（见表 1）。

表 1　最低工资违规率年度变化（2012~2021 年）

年份	违规率(%)
2012	8.3
2013	9.6
2014	10.7
2015	11.6
2016	13.3

年份	违规率(%)
2017	14.1
2018	12.7
2019	13.7
2020	13.3
2021	8.1

数据来源：三菱综合研究所 2022 年 3 月发布的《关于最低工资的报告》。

需要注意的是，违规率是指违反最低工资支付义务的企业数量占选定的实施监督的企业数量的比重，而不是占所有企业的比重。

四　日本最低工资制度的发展经验

一是分级设立的最低工资审议会有效平衡了多方利益关系。日本从中央到地方，均设立最低工资审议会或委员会，由代表公共利益的专家学者、劳动者和企业代表组成，多元化的结构确保了审议过程中能够听取和反映各方的意见和诉求。委员会定期审议和调整最低工资标准，促进劳资双方的沟通与合作，确保了各利益相关方的参与和决策的透明度，增强了决策的合理性，使得最低工资政策能够更好地适应社会经济的发展变化，同时保障劳动者的基本权益和企业的合理利益。

二是温和调控的中央宏观指导地方机制有效增强了区域经济协调性。始于 1978 年的"指导意见"制度，通过构建地区经济发展综合指标，对各地区的经济状况进行评估，并发布针对性的区域性最低工资增长额指导方针。这一方面弥补日本分散体系中缺乏统一标准的不足，另一方面也通过提供明确的政策导向，减少了在最低工资标准调整过程中可能出现的劳资双方的重大分歧。这种温和的调控手段有助于不同地区间的经济政策实现平衡，促进区域经济协调发展，也为劳资双方提供了一个更加和谐稳定的政策环境。

　　三是统筹协调的制度理念系统提升了收入分配制度的整合性。2007年修订法律并规定最低工资标准不低于公共援助措施，明晰"生活工资"理念的同时，进一步提升了初次分配和再分配制度间的协调统一。将最低工资标准与公共援助措施挂钩，有助于减少贫困，提高社会的整体福祉，并促进社会的公平与正义，体现了对劳动市场和社会福利体系综合考量的宏观政策导向。

B.14
《美墨加协定》中汽车行业劳动价值含量条款的影响

高玉茹*

摘　要：　《美墨加协定》在汽车原产地规则中新设劳动价值含量条款，对汽车制造、研发、装配环节中的小时平均工资和工资总额占比等提出要求，规定了不同类型汽车享受优惠关税待遇必须达到的劳动价值含量。劳动价值含量条款促进了北美地区的汽车工人就业、改变了汽车行业的直接投资布局，但目前墨西哥部分汽车工人的小时平均工资还未达到条款要求。该条款当前主要影响了我国汽车行业企业的贸易伙伴结构、海外投资布局，同时对我国出海企业的法规素养与标准建设能力提出了更高要求。劳动价值含量条款有可能适时更新并提高对零部件的要求，也可能被继续应用到其他行业或贸易协定当中。

关键词：　美墨加协定　汽车原产地规则　劳动价值含量

2018 年 11 月，美国、墨西哥、加拿大签署三方贸易协定（简称《美墨加协定》，USMCA），2020 年 7 月正式生效。新协定涵盖汽车制造、知识产权、数字贸易、劳工权益、金融服务、农产品等领域，包括商品贸易关税减让、服务贸易开放、原产地规则变化和加强对生产者的保护等内容。《美墨加协定》在汽车原产地规则中[1]，首次提出劳动价值含量（labor value

---

* 高玉茹，中国劳动和社会保障科学研究院助理研究员，主要研究领域为工资收入分配。

[1] 汽车原产地规则包括汽车区域价值含量要求、核心部件要求、北美钢铁和铝的采购要求、劳动价值含量要求，符合汽车原产地规则才能享受《美墨加协定》下的免税待遇。

content，LVC）这一概念，并规定了乘用车、轻型卡车、重型卡车必须达到的劳动价值含量（乘用车40%，轻型卡车与重型卡车45%）。

一 劳动价值含量条款的内涵与特点

（一）劳动价值含量的基本内涵

《美墨加协定》第四章附录《汽车产品特定原产地规则条款》的第7条是劳动价值含量条款[①]。劳动价值含量的内涵包括两方面：一是规定汽车整体必须达到的劳动价值含量，即乘用车为40%、轻型卡车和重型卡车为45%[②]；二是设定汽车直接生产工人的时薪标准，即北美自贸区内直接生产工人的小时平均工资不得低于16美元。对于乘用车，自2020年7月起劳动价值含量可逐步提高[③]；对于轻型卡车和重型卡车，劳动价值含量应达到45%，详见表1。

表1 劳动价值含量及时间节点要求

乘用车				
时间节点要求	劳动价值含量	材料和制造支出占比	研发和技术支出占比	装配支出占比
2020年7月1日~2021年6月30日	30%	≥15%	≤10%	≤5%

---

① 该条款共包括7项内容，主要涵盖劳动价值含量的基本要求、相关指标、计算方法、车辆分类汇总方法、劳动价值含量计算的时间周期等。

② 根据USMCA，乘用车被定义为关税编码8703.21至8703.90的车辆，但不包括具有压缩点火功能的车辆（如柴油发动机）、三轮或四轮摩托车、全地形车辆、房车。轻型卡车被定义为关税编码8704.21或8704.31的车辆，但单独或主要用于越野使用的车辆除外。重型卡车被定义为关税编码8701.20、8704.22、8704.23、8704.32、8704.90的车辆，但单独或主要用于越野使用的车辆除外。在起草协议时，电动轻型卡车被列入8704.90。

③ 为了给汽车生产商提供时间来适应新要求，USMCA为制造商提供了替代分期制度。例如，正常情况下，乘用车需要按照规定，从2020年7月1日起，逐步将劳动价值含量提高到40%，截止时间是2023年，时间区间为3年。但是，汽车生产商可以申请将3年延长为5年，5年后必须满足USMCA规定的劳动价值含量，并且这5年内可能设定相应年份的劳动价值含量要求。

乘用车				
时间节点要求	劳动价值含量	材料和制造支出占比	研发和技术支出占比	装配支出占比
2021 年 7 月 1 日~2022 年 6 月 30 日	33%	≥18%	≤10%	≤5%
2022 年 7 月 1 日~2023 年 6 月 30 日	36%	≥21%	≤10%	≤5%
2023 年 7 月 1 日起	40%	≥25%	≤10%	≤5%

轻型卡车/重型卡车				
时间节点要求	劳动价值含量	材料和制造支出占比	研发和技术支出占比	装配支出占比
2020 年 7 月 1 日起	45%	≥30%	≤10%	≤5%

资料来源：根据《美墨加协定》（https://ustr.gov/sites/default/files/files/agreements/FTA/USMCA/Text/04%20Rules%20of%20Origin.pdf）相关内容整理。

（二）界定劳动价值含量的重要概念

根据《美墨加协定》，符合汽车原产地规则的汽车可以享受优惠关税减免，这是对汽车这一最终品设置的要求。满足汽车原产地规则的汽车，首先必须是由合规企业[①]来生产；其次，对企业生产的汽车进行价值核定，计算劳动价值含量。《美墨加协定》提出的劳动价值含量，涵盖相关企业、工人、汽车生产环节等多个概念。

1.合规企业

合规企业需同时满足最低小时平均工资、最低生产能力两方面要求。首先，在协定规定的相应时期内，企业支付给直接生产工人的小时平均工资至

---

① 《对〈美墨加协定〉第四章（原产地规则）和第六章（纺织品和服装）有关规定的解释、适用和管理的统一规定》对《美墨加协定》汽车原产地规则设定的合规企业做出了明确定义。因有最低小时平均工资要求，《美墨加协定》对该类符合汽车原产地规则的企业也称为"高工资企业"。本文统一表述为"合规企业"。

少为 16 美元①。其次，要求企业是北美境内的汽车生产商，或与汽车生产商签订至少 3 年合同的供应商。对于乘用车或轻型卡车来说，供应商作为合规企业应具备相应的生产能力。

2. 直接生产工人与直接生产工作

直接生产工人②指从事直接生产工作的工人，即工人至少 85% 的时间从事直接生产工作，包括用餐和休息时间。直接生产工作是指直接参与生产乘用车、轻型卡车、重型卡车，或生产这些车辆所需的零部件等相关工作。它还包括直接参与车辆或零部件制造过程中所需工具或设备的操作或维修等工作。

3. 劳动价值含量组成成分

劳动价值含量可以分解到生产制造环节、研发和技术环节、装配环节这三个汽车生产制造主要环节当中，是材料和制造支出占比、研发和技术支出占比、装配支出占比之和③。

生产制造环节主要生产与制造汽车所需的材料和零件，该环节中的劳动价值含量是材料和制造支出总额占车辆净成本或车辆总成本的百分比。研发和技术环节中的劳动价值含量，指汽车生产商为研发和信息技术工作

---

① 用直接生产中所有工作小时数支付的工资总额除以直接生产的总工作小时数得到。若工人工资是月薪、计件工资或日薪，则需要先换算成小时工资，并明确该工人进行直接生产工作的工时。进行直接生产工作的小时总数包括由全职人员、兼职人员、临时工和季节性工人进行生产的所有时间。工资不包括福利、奖金或轮班费，或节假日和周末的加班费。如果工人工资由第三方支付，扣除相关中介费、手续费等费用后，只有工人实际收到的工资才包括在小时平均工资计算中。

② 《基于〈美墨加协定〉执行法案对劳动价值含量中高工资组成成分的要求的临时最终规则》对《美墨加协定》中所称的"参与直接生产的工人"进行了明确界定。直接生产工人不包括：实习生、学生或其他与雇主没有明确签订协议的工人；负责雇佣、解雇、提拔、调动等职责的行政或管理人员；从事研发工作的工人；或不负责维护和保证生产线和工具设备生产、运行与维护等工作的工人。

③ 按照《美墨加协定》，劳动价值含量分解到生产制造、技术研发、装配三个主要环节。对照英文原文直译，涉及的核心概念包括"高工资组成成分""高工资材料和制造支出占比""高工资研发和技术支出占比""高工资装配支出占比"。为便于描述与理解，本文分别表述为："劳动价值含量组成成分""材料和制造支出占比""研发和技术支出占比""装配支出占比"。

而支付的工资总额占支付给所有直接生产工人工资总额的比重。装配环节的劳动价值含量是装配汽车而支出的工资总额占直接生产工人工资总额的比重。

（三）劳动价值含量条款的突出特征

1. 重点向制造业倾斜

条款关注的是汽车生产制造的不同环节，并将劳动价值含量分解成三类主要的支出占比。即，材料和制造支出占比、研发和技术支出占比、装配支出占比。从三类支出的比例分配可以看到，材料和制造支出占比最大，并按照规定逐步提高，后两类支出的占比要求实际没有变化。这表明新规则主要是对制造环节施加严格规定，以确保制造汽车所需的部分材料、零件等来源于北美地区，是对制造业的政策倾斜与大力扶持。

2. 要求直接生产工人的最低小时平均工资

条款要求支付给直接生产工人的小时平均工资不得低于 16 美元。一方面，是为了确保汽车生产工人能拿到高工资；另一方面，是为了创造与回流汽车产业就业岗位，促进汽车制造企业回迁，逐步减少北美地区的离岸外包，体现了保障北美地区汽车产业劳动力就业的政策目标。

3. 间接约束汽车零部件企业

劳动价值含量条款表面上看，是对汽车制造商的直接约束，要求汽车整车的生产制造、技术研发、装配环节的工资总额、成本支出等符合规定的比例，且直接生产工人的小时平均工资不得低于 16 美元。条款还规定，汽车整车企业生产制造的汽车如果要符合原产地规则，与其合作的零部件企业也必须是满足协定要求的"合规企业"，但该项设置并没有直接出现在汽车零部件的原产地规则中。

4. 对企业的合规建设能力提出较高要求

符合汽车原产地规则才能享受优惠关税待遇。企业进行合规认证、劳动价值含量计算与认定，需要提供相关生产能力证明，包括提供原材料和零部件购买或制造、生产和研发相关工序情况，以及用工与工资发放等详细信

息。《美墨加协定》的系列配套文件补充阐明了劳动价值含量的界定、核查部门以及认定程序等。新条款之下，汽车生产制造相关企业的合规建设面临着新的更高的要求。

二 劳动价值含量条款在北美的执行情况与影响

（一）汽车产品贸易运行法定审查情况

美国贸易代表办公室（USTR）与跨部门汽车产品贸易委员会①针对汽车产品贸易每两年进行一次审查，直到2030年为止，即自协定2020年7月生效起共审查五次。汽车原产地规则审查内容可分为两大方面。（1）汽车生产商为遵守、执行原产地规则等而采取的行动，以及其他相关事项。（2）结合新技术、汽车产品特征、汽车生产制造变化等，研判汽车原产地规则的有效性和相关性。

2022年第一次审查报告称，2018年协定文本发布后不久，汽车生产制造企业就开始评估其供应链，并确定需要做出哪些改变以符合原产地规则。但是汽车生产商表示，劳动价值含量等在内的条款所要求的数据信息记录和计算较为复杂，正在努力遵守这些行政要求。部分企业认为严格的要求为企业带来了负担，尤其是零部件企业，认证成本较高，因为某一零件的原产地要求可能因该部件是否并入乘用车、重型卡车或仅仅自行交易而有所不同；认证需要收集大量信息数据并进行计算，相关程序要求的时间太紧张。不少企业表示，新冠疫情以及俄乌冲突给汽车供应链带来了诸多挑战②，但为了满足原产地规则，在应对国内外风险挑战的同时，还要执行复杂的计算规

---

① 《〈美墨加协定〉执行法案》第202A条要求设立一个跨部门汽车产品贸易委员会（the Interagency Autos Committee），由美国贸易代表主持，对汽车原产地规则的实施、执行情况进行审查，以及对条款的修改提出建议。该委员会于2020年3月初成立。

② 俄罗斯是铝、钯、镍的主要生产国，这些原料主要用于汽车零部件制造。乌克兰是全球最大的氖气供应商，而半导体制造过程中使用的氖气占激光气体混合物的90%以上，氖气的供应影响半导体生产。

则，压力较大。

汽车生产商建议简化认证流程和合规要求；建议 USTR 在一定时期内或为新的市场进入者保持甚至提高政策的灵活性，即采用替代分期制度来延长达到劳动价值含量、核心部件要求等标准的年限。在技术变革与汽车原产地有效性方面，美国汽车工人联合会建议更新汽车原产地规则，在电动和自动驾驶汽车中加入更多的北美零部件①。

（二）条款对北美地区汽车行业的影响

北美地区的汽车生产制造在全球汽车产业发展中扮演着重要的角色。2022 年，美墨加三国汽车产量约 1428 万辆，占全球的 16.8%；汽车销量约 1700 万辆，约占全球的 20.7%。其中，墨西哥是北美地区的制造中心，2022 年墨西哥已成为世界第七大汽车生产国、第五大汽车零部件生产国。

条款对北美地区汽车行业的影响主要体现在以下五方面。第一，汽车产量回升。2015~2019 年，即劳动价值含量条款生效前，美国、加拿大的汽车产量均呈现小幅下降趋势，墨西哥产量小幅上升。2020 年 7 月新协定生效，当年各国的汽车产量降低。近年来汽车产量呈现上升趋势，但均未达到 2019 年水平。第二，墨西哥与美国的贸易规模呈现扩大态势。一直以来，墨西哥出口的汽车，约 70% 出口到美国、10% 出口到加拿大。2020 年之后，出口到美国的汽车数量呈现上升趋势，出口到加拿大的汽车数量呈现下降趋势。第三，汽车行业从业人数呈现上升趋势。2020 年协定生效后，美国从事汽车及零部件生产制造的人数占制造业总人数的 7%~8%，2022 年汽车及零部件生产制造工人增加到 100 万人。加拿大近年来该行业就业人数呈现小幅上升态势。墨西哥该行业人数占制造业总人数的比例较大，2022 年上升

---

① 增加核心部件清单，包括电动汽车部件，如电机、交流/直流逆变器和电动传动系统；电动汽车电池组件，如石墨和镍；自动驾驶汽车部件，如激光雷达和雷达传感器、汽车摄像机和车辆通信系统等。

到 21.7%①。第四，墨西哥部分汽车及零部件生产制造工人的工资水平未明显提高，目前尚未达到条款的最低要求（每小时 16 美元）。美国与加拿大汽车及零部件行业人均年工资超过 6 万美元②，2020 年之后工资水平均实现了增长，据此估算两国的汽车及零部件生产制造工人小时平均工资超过了 16 美元。墨西哥汽车制造行业工人月收入约 1000 美元③，据此估算小时平均工资低于 16 美元。第五，条款生效前后美国对墨西哥的直接投资额均较高。2015~2022 年，各国对墨西哥汽车制造行业直接投资累计额中，美国排名第一，加拿大排名第五，且美国的投资力度加大趋势明显④。

三 劳动价值含量条款对中国汽车行业的影响分析

《美墨加协定》针对汽车行业提出了劳动价值含量条款，而汽车产业具有产业链条长、生产高度集成等特点，新时代下全球汽车产业，包括动力电池、原材料、汽车芯片等在内的汽车供应链发展形势日趋复杂。作为汽车原产地规则新加的内容，劳动价值含量条款对我国汽车行业的影响，是我国汽车产品出口、企业出海布局、劳工标准建设等领域的重要议题。

（一）汽车生产制造与贸易情况

根据 2015 年以来我国汽车行业生产制造、国际贸易等相关数据，汽车

---

① 2022 年，墨西哥汽车生产制造产业有 86 万人，其中从事整车制造工作的占 10.3%，零部件、车身及拖车等占 89.7%。

② 美国汽车及零部件行业人均年工资超过 7.5 万美元，2022 年为 8.8 万美元；加拿大该行业人均年工资 6 万美元左右，2022 年为 6.3 万美元。

③ 《特斯拉在墨西哥建厂影像曝光，美国补贴如何成就了墨西哥？》，第一财经，https://www.yicai.com/news/101721843.html，2023 年 4 月 5 日。总部位于墨西哥蒙特雷的 BancoBase 分析的政府数据显示，墨西哥汽车零部件生产工人的月收入通常不到 700 美元，汽车制造工人的月收入约为 1000 美元。

④ 根据墨西哥汽车工业协会数据，2015 年至 2022 年各国对墨西哥的汽车制造行业直接投资额中，美国累计投资排名第一，占 46.9%，加拿大排名第五，占 1.9%。2022 年美国投资额排名第一，为 26.0 亿美元（占 66.5%），加拿大对墨西哥的直接投资减少 1.6 亿美元。

行业发展呈现如下特点。一是汽车产销总量多年来稳居全球第一。2023 年我国汽车产销量分别为 3016 万辆和 3009 万辆，产销总量 6025 万辆，连续 15 年稳居全球第一位。我国汽车行业发展韧性强劲。二是汽车出口规模显著扩大。2020 年受到新冠疫情冲击，汽车出口总量低于 2019 年。2023 年汽车出口 522 万辆，出口量赶超日本，跃居世界第一位。三是汽车商品出口金额增长势头强劲。据汽车工业协会数据，2020 年我国汽车商品（包括汽车整车和零部件）出口金额 722.5 亿美元，2021 年、2022 年较 2020 年分别增长了 52%、96%。我国汽车零部件出口额占比从 2015 年的 44% 提高到 2022 年的 57%。四是与美墨贸易合作愈加频繁。乘联会的统计数据显示，2022 年我国汽车商品出口金额排在前两位的国家是美国、墨西哥；2023 年 1~7 月汽车商品出口金额中，美国、墨西哥分别排在第二、第三位。2022 年，美国、墨西哥分别是我国汽车零部件、整车出口最大的贸易伙伴。五是对墨西哥的投资力度加大。根据墨西哥汽车工业协会数据，2015 年我国对墨西哥的汽车制造领域直接投资额占全部外商对墨西哥汽车制造直接投资额的 0.3%，2022 年上升到 0.7%。2023 年，我国多家车企宣布了在墨西哥的生产建设规划。六是持续推动汽车行业对外开放。2017~2021 年，规模以上汽车制造业外资企业从 3034 家增加至 3222 家，外资企业数量呈现增长态势。为推动汽车制造领域更深层次对外开放，出台取消乘用车制造外资股比限制以及合资企业不超过两家的限制等措施①。

（二）条款当前对我国的影响

《美墨加协定》对北美地区之外生产的汽车及相关产品进入北美市场享受优惠关税待遇提出了新的要求。结合数据，整体上看 2020 年贸易协定中针对汽车行业设定的条款目前并未对我国汽车出口数量和贸易金额等"量"的内容产生负向影响。我国是制造业大国，已经建立了较为成熟的汽车工业体系，拥有较为健全的汽车制造产业链，也形成了较强的规模效应，且我国

---

① 《中国外商投资报告 2023》，http://images.mofcom.gov.cn/wzs/202405/20240511173421424.pdf。

传统车企积极开拓海外市场，造车新势力异军突起，近年来我国汽车生产与出口并未受到劳动价值含量条款的明显、直接影响，反而在新形势下步入了新发展阶段。

劳动价值含量条款的影响主要体现在以下三个方面。

1. 改变国际贸易伙伴结构

我国汽车出口地过去主要是亚非拉发展中国家和地区。随着亚非拉市场的稳固，我国汽车产业在全球汽车产品供应中发挥的作用越来越强。进一步开拓发达国家市场是我国汽车产业推进全球化布局、进行技术革新的必然要求。当前，欧美发达国家和地区正逐渐成为主要的增量市场。贸易协定的新要求与新规则影响汽车生产制造，决定着贸易伙伴结构。此外，我国汽车制造行业自身正处在变革当中，汽车的产品质量和产品结构也力争在这一新阶段实现新突破。

2. 影响企业投资建厂布局

较多企业出海计划在墨西哥投资建厂。墨西哥是世界汽车生产制造、汽车进出口的大国，是我国重要的贸易伙伴，也是我国汽车企业进入北美，尤其是打开美国市场的重要突破口。2020 年的新协定体现了美国为推动制造业回流而采取的"近岸外包"政策主张与策略。近年来，北汽、上汽、长安等企业规划在墨西哥布局生产与销售链条，汽车零部件企业也计划开拓海外市场，主要考虑在墨西哥选址建厂。墨西哥是新贸易协定的缔约国之一，中国汽车企业在墨西哥选址建厂，在满足原产地规则的条件下，可以零关税出口到美国；且墨西哥的劳动力成本较低[①]，我国企业建厂、开展生产的成本相对较低。

3. 促进提升企业合规建设能力

条款的生效对汽车产业链相关企业法规素养与标准建设能力提出了更高要求。我国产品出口、企业与产业出海必须要了解与学习国际贸易规则，熟

---

① 根据 Tetakawi 数据库，2016 年、2020 年墨西哥制造业小时平均工资为 3.8 美元、4.8 美元；中国制造业小时平均工资为 5.0 美元、6.5 美元。

悉和掌握在当地选址建厂以及进行研发、生产与销售的法律法规。劳动价值含量条款作为汽车原产地规则中的新内容，计算与认证较为复杂。对于在墨西哥建厂生产的零部件企业来说，若零部件用于整车的原产地认证，也必须符合劳动价值含量条款的要求，且认证成本与难度较大。

（三）趋势分析

1. 条款有可能适时更新并提高对零部件的要求

协定生效后，美国官方定期审查汽车产品贸易运行情况。相关审查关注原产地规则的执行情况，可能会根据调查情况优化调整条款内容。审查也关注技术变革之下原产地规则的有效性。传统汽车、新能源汽车领域的技术进步与革新日新月异，汽车生产制造所需原材料与零部件的制造工艺、市场供求、价格等也不断变化，加之不可低估地缘政治风险，劳动价值含量条款重点关注的制造业相关内容必然会动态调整。2022 年审查报告中，美国汽车工人联合会即建议更新汽车原产地规则，在电动和自动驾驶汽车中加入更多的北美零部件，增加核心部件清单。这将对零部件行业带来直接影响。

2. 条款有可能被继续应用到其他行业或贸易协定当中

奥巴马政府、特朗普政府都提出过"买美国货""雇美国人"的政策主张，试图保证与扩大美国工人就业、振兴美国制造业。拜登 2021 年 1 月签署"购买美国货"行政令，要求修改"美国制造"的产品定义，提高产品本土成分的要求。劳动价值含量条款是针对汽车生产制造、进出口贸易的新设内容，是美国为了促进制造业回流、稳定并扩大工人就业的政治手段与政策主张。在汽车行业这一产业链条较长、与国民经济发展关系紧密的行业，创建新规则新做法，是"近岸外包"策略的尝试。新规则的做法经验，有可能被美国继续应用到促进其他行业或产业回流美国本土的策略当中，也可能被纳入后续自由贸易协定制定之中。

3. 长期来看条款对我国汽车行业带来的机遇大于挑战

企业进入并拓展北美市场，尤其是加强与美国的贸易合作，短期来看劳动价值含量条款虽然削弱了我国企业在北美地区的直接贸易优势，但长期来

看机遇大于挑战。一方面，掌握发达国家与地区的贸易规则，调整优化战略规划，可以促进汽车行业的转型发展。另一方面，将提高企业的全球化布局能力。北美是产业全球化布局的重要地区，条款生效之后已有不少企业考虑在墨西哥选址建厂，将来我国汽车行业企业有可能继续增加对墨西哥的投资建厂；同时，我国企业对贸易规则的应对与践行能力也必将逐步提高。

四　中国应对《美墨加协定》中汽车行业劳动价值含量条款的政策建议

我国汽车行业呈现产品出口—企业出海—产业出海的发展路径。美国、墨西哥等国家是我国重要的贸易伙伴，而劳动价值含量条款是北美地区汽车原产地规则的重要内容。面对新形势新变化，我国汽车整车和供应链企业如何走好国际化步伐，政府部门应做好哪些战略储备与政策支持，需要结合实际，统筹考虑，科学谋划。

（一）企业层面

1. 根据战略目标与发展实际，科学制定出海战略

汽车行业全球化布局与发展是产业链协同的固有特点与宏观经济发展的必然要求，但汽车行业企业不能盲目出海与跟风建设。不同汽车商品类型、不同规模和不同发展阶段企业均需结合国际经济法律环境与市场需求，制定科学合理的发展战略。企业需要根据已有的产业链布局，确定出海主打的业务线条（销售、制造、研发或服务等业务）。新兴企业主要以进入市场、推广品牌为目标，可主打两至三款特色产品，在当地通过开展品牌发布会，与国内头部企业、曾经合作过的国际知名企业、当地汽车龙头企业等合作，让市场认识自己、了解自己，为后期的属地化运作打下基础。头部企业可以结合在亚非拉、欧洲等市场的生产建设经验，制定优化在北美市场的发展战略。

2. 积极跟进与学习最新贸易规则与劳工标准建设要求

在海外投资建厂之前，要了解当地相关行业的法律法规、生产经营特点与人工成本情况等，评估在当地选址建厂、进行直接投资等策略的可行性与有效性。根据劳动价值含量条款，汽车生产商需要按照要求统计整理与计算分析汽车生产主要环节的劳动价值含量，汽车生产商要提前研究评估实际操作的难度与成本。在当地建厂之后，可以考虑按照生产环节进行数据库建设、信息化管理，同时注意做好汽车供应链条上相关产品的信息记录与整理，为包含劳动价值含量条款等在内的汽车原产地认证打好基础。

3. 分析研判并合理确定汽车产业工人工资水平

美墨加三国的劳动力成本水平差距较大，美国和加拿大的工资水平较高，汽车制造行业可以达到劳动价值含量条款中最低 16 美元的平均时薪要求，但墨西哥的人工成本水平较低，目前来看，短时期内全部汽车行业企业达到劳动价值含量条款的要求较为困难。我国企业到墨西哥建厂，在汽车原产地规则之下，是按照规定将汽车产业直接生产工人的小时平均工资提高到至少 16 美元从而切实享受到出口优惠关税，还是不按照要求确定工资水平、不享受出口优惠关税（或者申请劳动价值含量的"替代分期制度"），需要进行科学研究与审慎决策。

4. 重视与加强科技研发，强化全球化布局的战略支撑

汽车产业链条长，汽车整车生产、零部件制造离不开电池、芯片等产业的协同，新时代下汽车产业发展也呈现电动化、数字化、智能化的趋势。但是全球汽车产业链，包括动力电池、原材料、汽车芯片等在内的产业发展形势日趋复杂。我国核心零部件竞争力不足，发动机核心技术仍由国外掌握，车用核心芯片主要依赖进口，还存在零部件制作工艺可靠性不足、汽车装配工艺水平落后等问题。打铁还需自身硬。企业在积极开拓海外市场的同时，还应通过战略投资、自主研发、联合开发等手段提高科技研发水平，同时注重产业人才的培养与引进，打造全球化发展的核心竞争力，逐步实现产业发展的自立自强。

（二）政府层面

1.强化自上而下的主动管理，提高管理效能

新发展阶段对政府部门的管理手段与管理效能提出了新的更高要求。行业企业要实现高质量发展，需要政府部门改变管理手段。第一，政府部门需要实施更多自上而下的主动管理。建立与畅通沟通机制，主动了解行业企业发展建设存在的问题、需要政府提供的帮助。第二，充分发挥各地人社部门、商务部门的力量，加强部门之间的协作，加大对政策制度的宣传力度。第三，劳动价值含量是针对汽车原产地、进出口贸易新设的规则，并要求对行业执行情况进行定期审查。参照该做法，我国行业管理中也可结合国际贸易规则、产业政策差异化设置细则，并组织力量定期审查政策制度的运行情况，实现对行业的精细化管理。

2.积极关注国际新动向，提升法规建设能力

劳动价值含量条款对我国汽车行业参与国际贸易、进行合规建设提出了新要求，该条款有可能被继续应用到其他行业或贸易协定制定当中。我国对外开放的大门只会越开越大，相关行业企业的国际经贸往来会越来越频繁，国际贸易格局与贸易伙伴结构也情况各异，需要加强对国际动态的跟进与掌握。一方面，政府部门的宏观管理与调控不仅要基于国内的发展情况，也需要关注重点领域的国际贸易、劳工标准建设等情况，掌握行业企业更全面的信息。另一方面，在相关劳工标准建设当中，参考国际经验，制定符合我国发展实际的制度规定。

3.提供法规咨询与建议，提升公共服务质量

政府部门可组织专员或聘请外部专家，成立企业出海法规咨询小组，为我国企业出海建厂与投资提供法律法规方面的咨询与帮助。针对行业性、专业性较强的条款，如劳动价值含量的要求以及相关认定程序，除了利用国内的资源，可以进一步借助当地大使馆的力量，分派专员或鼓励推动已出海企业形成产业联盟，分享经验做法，帮助新进入企业识别与研判风险，理解并执行贸易规则。

4. 加强前瞻性研究，探索薪酬管理的新做法

劳动价值含量条款创新性地将汽车行业薪酬分配和人工成本管理，与汽车制造、研发、装配环节相关联。这样的规则为行业薪酬分配与管理提供了新的范式。政府部门应及时跟进发展动向，开展前瞻性研究，探索薪酬管理的新做法。

首先，按照行业产业链发展状况、产品生产环节、人力资本特点等维度，研究按环节、步骤、发展阶段等分解工资水平、人工成本构成的可行性与有效性。其次，将劳动价值含量条款的设计原则与思路用于促进特定行业发展、特殊群体劳动者保护的政策研究与制定当中。一方面，在对新能源汽车等战略性新兴产业、银发经济等特色产业、数字经济等重点行业、各地本土支柱产业或重点扶持产业等的保护与支持中，结合各产业特征与发展实际，在成本构成、工资水平方面，制定实施短期一次性的或者周期性动态调整的政策。另一方面，在各地月最低工资与小时最低工资标准的基础上，探索结合行业特征、人力资本与工作特点，尤其针对低收入群体，确定更加适当的工资水平，提高低收入群体的劳动报酬。

参考文献

[1] 白洁、苏庆义：《〈美墨加协定〉：特征、影响及中国应对》，《国际经济评论》2020 年第 6 期。

[2] 陈雯、孙照吉：《全球价值链地位、出口劳动含量与技能构成》，《国际贸易问题》2017 年第 10 期。

[3] 郭晶、赵越：《高技术产业国际分工地位的影响因素：基于完全国内增加值率视角的跨国实证》，《国际商务（对外经济贸易大学学报）》2012 年第 2 期。

[4] 李西霞：《〈美墨加协定〉汽车原产地规则劳动价值含量：基本内涵、深层要义及现实启示》，《国际法研究》2023 年第 4 期。

[5] 李西霞：《〈美墨加协定〉劳工标准的发展动向及潜在影响》，《法学》2020 年第 1 期。

[6] 李西霞：《自由贸易协定劳工标准的最新发展》，社会科学文献出版社，2023。

[7] 李晨希：《〈美墨加协定〉对我的影响及应对措施》，《产业与科技论坛》2022 年第 7 期。

［8］ 刘杜若：《〈美墨加协定〉汽车原产地规则特征及启示》，《对外经贸》2022 年第 4 期。

［9］ 刘杜若：《自由贸易协定原产地规则的从价百分比标准设计的方法、比较和启示》，《对外经贸》2022 年第 2 期。

［10］ 刘杜若、张明志：《自由贸易协定原产地规则调整的经济效应评估——以〈美墨加协定〉汽车原产地规则为例》，《国际贸易问题》2022 年第 1 期。

［11］ 孙照吉、陈雯、赵萍：《真实外需的劳动含量与技能构成》，《国际贸易问题》2017 年第 3 期。

［12］ 王丽丽、李玉梅：《美墨加新贸易协定对中国出口贸易的影响及对策》，《国际贸易》2019 年第 3 期。

［13］ 王鹏远、朱颖妮：《美国推动〈美墨加协定〉的考量、特征及其对中国带来的挑战》，《价格月刊》2020 年第 8 期。

［14］ 卫瑞、庄宗明：《生产国际化与中国就业波动：基于贸易自由化和外包视角》，《世界经济》2015 年第 1 期。

［15］ 周升起、兰珍先、付华：《中国制造业在全球价值链国际分工地位再考察——基于 Koopman 等的 "GVC 地位指数"》，《国际贸易问题》2014 年第 2 期。

［16］ 周青山：《〈美墨加协定〉原产地规则研究》，西南政法大学硕士学位论文，2021 年。

［17］ 张语恒：《〈美墨加协定〉对中墨经贸的不利影响及我国的应对策略》，《对外经贸实务》2020 年第 6 期。

B.15
部分国家上市公司高管薪酬
与社平工资分析（2022~2023）

常风林*

摘　要：　本文对部分国家上市公司高管薪酬与社平工资、企业员工工资的差距以及行业工资差距进行梳理分析。2022~2023 年美国、英国等国家上市公司高管薪酬与社平工资以及本企业员工工资差距仍较大且呈扩大态势，日本、韩国、新加坡等相对较小。从行业工资差距来看，所选国家不同行业之间工资差距平均水平为 3 倍左右，保持平稳态势。

关键词：　高管薪酬　社平工资　行业工资差距

高管与员工之间的薪酬差距以及不同行业之间员工工资差距是反映一个国家或地区劳动力供求状况、收入分配关系、效率与公平的重要指标。本文旨在对 2022~2023 年美国、英国、德国、法国、荷兰、新加坡、韩国、日本 8 个国家 58 家上市公司高管（本文指 CEO）薪酬与本国社会平均工资、企业员工工资差距，以及同期 20 个国家不同行业工资差距的基本情况进行简要分析。

---

* 常风林，中国劳动和社会保障科学研究院薪酬研究室副主任，研究员，主要研究领域为收入分配、公司治理等。

一 部分国家上市公司高管薪酬与社平工资差距

（一）美国

从美国上市公司来看（见表1），2022年，20家上市公司中有18家公司CEO薪酬超过1600万美元，其中，CEO薪酬水平最高的为谷歌公司（2.26亿美元），最低为通用电气（819.80万美元）；2023年，20家上市公司中已公布2023年高管薪酬数据的6家上市公司CEO薪酬水平均超过2000万美元。

表1 部分国家上市公司高管薪酬水平及与社平工资倍数

国家	行业	企业名称	CEO总薪酬（2022年度或2023年度）		与社平工资倍数（倍）	与员工薪酬倍数（倍）
			国家法定货币	折合人民币（元）		
美国	制造业（电气、航空、医疗）	通用电气	8198024	57140227	141	164
	制造业（汽车）	福特汽车	20996146	146343138	361	281
	制造业（汽车）	通用汽车	28979570	201987603	498	362
	制造业（汽车）	斯特兰蒂斯（2023年）	36494025	286843037	633	518
		斯特兰蒂斯（2022年）	23459006	174065825	428	365
	制造业（饮料）	可口可乐	22822519	159072957	393	1883
	信息技术（计算机）	苹果公司（2023年）	63209845	447525703	988	672
		苹果公司（2022年）	99420097	692958076	1710	1177
	信息技术（计算机与办公设备）	IBM	16580075	115563123	285	271
	信息技术	Meta（脸谱）	27110418	188959613	466	91
	金融（银行）	摩根大通	34848606	242894784	599	393
	金融（银行）	花旗银行	22064065	153786533	379	357
	金融（投资银行）	高盛	31609420	220317657	544	211
	能源与运输	埃克森美孚	35909231	250287340	618	210

续表

国家	行业	企业名称	CEO 总薪酬（2022 年度或 2023 年度）		与社平工资倍数（倍）	与员工薪酬倍数（倍）
			国家法定货币	折合人民币（元）		
美国	贸易与服务（零售）	沃尔玛（2023 年）	25306714	179171535	395	933
		沃尔玛（2022 年）	25670673	178924591	442	1013
	贸易与服务（其他服务-娱乐）	华纳迪士尼	24183003	168555531	416	446
	制药	辉瑞	33017453	230131647	568	437
	房地产与建筑	霍顿（2023 年）	32629224	231014906	510	277
		霍顿（2022 年）	30583692	213168333	526	259
	房地产与建筑	普而特集团（Pulte Group）	14484024	100953647	249	106
	信息技术（人工智能）	英伟达（2023 年）	21356924	151207022	334	94
		英伟达（2022 年）	23737661	165451497	408	109
	信息技术	谷歌	225985145	1575116461	3887	808
	信息技术	微软（2023 年）	48512537	343468762	834	250
		微软（2022 年）	54946310	382975781	945	289
英国	贸易与服务（食品农产品电商）	Ocado	2004000	16813560	62	81
	信息技术	益博睿（Experian）（2023 年）	7371000	61842690	227	97
		益博睿（Experian）（2022 年）	9938000	83379820	307	155
	能源	皇家壳牌（Shell）	9698000	81366220	299	80
	能源	英国石油 BP	10026000	84118140	309	172
	制造业(酒类饮料)	帝亚吉欧 Diageo	7881000	66121590	243	122
	信息技术	励讯集团（RELX）	8214000	68915460	253	129
	能源（矿业）	英美资源（Anglo American）	4397000	36890830	136	73
	制药	阿斯利康（AstraZeneca）	15323000	128559970	473	159
	制药	葛兰素史克（GlaxoSmithKline）	8453000	70920670	261	106

续表

国家	行业	企业名称	CEO 总薪酬（2022 年度或 2023 年度）		与社平工资倍数（倍）	与员工薪酬倍数（倍）
			国家法定货币	折合人民币（元）		
英国	金融（资产管理公司）	中间资本集团（Intermediate Capital Group）（2023 年）	7267600	60975164	224	34
		中间资本集团（Intermediate Capital Group）（2022 年）	7851000	65869890	242	42
	金融（银行）	巴克莱银行（Barclay）（2023 年）	4641000	38937990	143	83
		巴克莱银行（Barclay）（2022 年）	5197000	43602830	160	101
	金融（银行）	渣打银行（Standard Chartered）	5483000	46002370	169	38
	军工及航空航天	英国宇航系统公司（BAE Systems）	10693000	89714270	330	164
新加坡	金融	新加坡星展银行（DBS）	15380529	79978751	253	127
	房地产	凯德集团（CapitaLand）	6006434	31233457	99	—
	科技	趋势线公司（Trendlines）	945402	4916090	16	—
	食品	奥兰国际（Olam Group）	8500000	44200000	140	383
	食品	丰益国际（Wilmar）	13249578	68897806	218	618
德国	制造业	西门子（2023 年）	7608000	56451360	144	71
		西门子（2022 年）	6892000	51138640	130	64
	医药	拜耳（Bayer）	5440000	40364800	103	45
	计算机软件	思爱普（SAP SE）	4674000	34681080	88	30
	制造	德国大众（Volkswagen）	7386467	54807585	139	157
	金融	德意志银行（Deutsche Bank）	4394000	32603480	83	35

续表

| 国家 | 行业 | 企业名称 | CEO 总薪酬（2022 年度或 2023 年度） | | 与社平工资倍数（倍） | 与员工薪酬倍数（倍） |
			国家法定货币	折合人民币（元）		
法国	金融	安盛集团（AXA）	5331740	39561511	101	82
	医疗保健	赛诺菲（Sanofi）	5731332	42526483	108	53
	飞机制造	达索（Dassault）	34309395	254575711	648	389
	信息技术	道达尔能源	7331079	54396606	138	54
	汽车制造	雷诺（Renault S. A.）	4516703	33513936	85	92
荷兰	芯片制造	阿斯麦（ASML）	4280000	31757600	73	34
	金融（银行）	荷兰国际（ING）	2551000	18928420	43	25
韩国	信息技术	三星电子	4600000000	25300000	94	34
	电信	SK 电信	2800000000	15400000	57	—
日本	汽车制造	丰田汽车	999000000	51948000	271	—
	药品制造	武田药品（Takeda）	1723000000	89596000	467	—
	电子信息	索尼（Sony）	651000000	33852000	176	—
	电子信息	松下（Panasonic）	219000000	11388000	59	—
	娱乐游戏	任天堂（Nintendo）	318000000	16536000	86	—
	地产	住友不动产（Sumitomo）	186000000	9672000	50	—

注：美国、英国上市公司每年需按监管要求公布公司 CEO 薪酬与本企业所有员工薪酬中位数两者之间的倍数（即 CEO Pay Ratio）；斯特兰蒂斯是纽约、巴黎、米兰三地上市公司，其总部位于荷兰，年报披露其高管薪酬数据单位为欧元，简单起见，本表中将其列为美国上市公司；表中其他数据来源与处理较为复杂，在此不做具体列示，备索。

　　按照目前美国证券交易委员会（SEC）的规定，上市公司需要公开披露其 CEO 薪酬与本企业员工薪酬中位数的倍数（即 CEO Pay Ratio）[①]。20家上市公司高管薪酬与本企业员工薪酬差距最高为 1883 倍，最低为 91 倍（20 家上市公司薪酬差距的算术平均值为 461 倍），较 2020 年显著提高[②]；

[①] 本文中称之为高管薪酬与本企业员工薪酬差距。

[②] 《部分国家上市公司高管薪酬与社平工资分析》［载《中国薪酬发展报告（2022）》］显示，2020 年 16 家美国上市公司高管薪酬与本企业员工薪酬差距最高为 1621 倍，最低为 86 倍。

20家上市公司与美国社平工资差距最高为3887倍，最低为141倍（按照国际劳工组织数据，2022年美国普通劳动者月社平工资为4844.62美元，折合年度社平工资约为58135.44美元），较2020年显著提高①。可以看出，近年来，美国上市公司高管薪酬与本企业员工薪酬、社平工资之间差距较大且呈现扩大态势。

（二）英国

从英国上市公司来看（见表1），2022年，13家英国上市公司中有3家公司CEO薪酬超过1000万英镑，其中，CEO薪酬水平最高的为制药公司阿斯利康（1532.3万英镑），最低为英国互联网电商企业Ocado（200.4万英镑，2020年该公司CEO薪酬高达5872.7万英镑）。2023年，已公布数据的3家上市公司CEO薪酬均超过460万英镑。总体看，表1中所列示的英国上市公司高管薪酬水平显著低于美国上市公司。

英国上市公司高管薪酬与本企业员工薪酬、社平工资之间差距相对较大。2022年，13家英国上市公司高管薪酬与本企业员工薪酬的差距最高为172倍，最低为34倍；13家英国上市公司高管薪酬与英国社平工资差距最高为473倍，最低为62倍（13家上市公司该薪酬差距的算术平均值为250倍）。

（三）新加坡

从新加坡上市公司来看（见表1），2022年，5家上市公司中CEO薪酬水平最高的为新加坡星展银行（1538.1万新加坡元），最低为趋势线公司（94.5万新加坡元）。

与美国、英国相比，新加坡上市公司高管薪酬相对较低，高管薪酬与社平工资之间的差距也相对较小。5家上市公司高管薪酬与新加坡社平工资差距最高为253倍，最低为16倍。

---

① 《部分国家上市公司高管薪酬与社平工资分析》［载《中国薪酬发展报告（2022）》］显示，2020年16家美国上市公司高管薪酬与社平工资差距最高为1355倍，最低为49倍。

（四）德国

从德国上市公司来看（见表1），2022年，5家德国上市公司CEO薪酬均超过439万欧元，其中，CEO薪酬水平最高的为德国大众（738.6万欧元），最低为德意志银行（439.4万欧元）。已公布数据的西门子公司CEO薪酬由2022年的689.2万欧元增至2023年的760.8万欧元。

与美国、英国相比，德国上市公司高管薪酬水平相对较低，高管薪酬与社平工资之间的差距也相对较小。2022年，5家上市公司高管薪酬与德国社平工资差距最高为139倍，最低为83倍。

（五）法国

从法国上市公司来看（见表1），2022年，5家法国上市公司CEO薪酬均超过450万欧元，其中，CEO薪酬水平最高的为飞机制造企业达索（3430.9万欧元，较2020年增长约67%[①]），最低为雷诺（451.7万欧元）。

法国上市公司高管薪酬与社平工资之间的差距较大。5家上市公司与法国社平工资差距最高为648倍，最低为85倍。

（六）荷兰

从荷兰上市公司来看（见表1），2022年，2家荷兰上市公司阿斯麦、荷兰国际CEO薪酬分别为428万欧元、255.1万欧元。

荷兰上市公司高管薪酬与社平工资之间差距较小，阿斯麦、荷兰国际高管薪酬与社平工资差距分别为73倍、43倍。

（七）韩国

从韩国上市公司来看（见表1），2022年，2家韩国上市公司三星电子、

---

① 《部分国家上市公司高管薪酬与社平工资分析》［载《中国薪酬发展报告（2022）》］显示，2020年达索公司CEO薪酬为2060万欧元。

SK 电信 CEO 薪酬分别为 46 亿韩元、28 亿韩元。

从 2 家上市公司数据来看，韩国上市公司高管薪酬与社平工资之间差距较小，分别为 94 倍、57 倍。

（八）日本

从日本上市公司来看（见表 1），2022 年，6 家日本上市公司 CEO 薪酬均超过 1.8 亿日元，其中，CEO 薪酬水平最高的为武田药品（17.23 亿日元），最低为住友不动产（1.86 亿日元）。

与美国、英国等相比，日本上市公司高管薪酬与企业员工薪酬、社平工资之间差距相对较小。6 家上市公司与日本社平工资的差距最高为 467 倍，最低为 50 倍。

二 部分国家行业工资差距

根据国际劳工组织数据，2022~2023 年 20 个国家不同行业之间工资差距基本情况如表 2 所示。

表 2 部分国家行业工资差距一览（2022~2023 年）

国家	年份	行业工资最高（月）		行业工资最低（月）		行业工资最高/最低（倍）
		行业类别	工资水平	行业类别	工资水平	
比利时	2022	金融保险	7674.1	住宿餐饮	3085	2.5
丹麦	2022	金融保险	9218.4	住宿餐饮	3033.4	3.0
美国	2023	信息通信	9076.4	住宿餐饮	2748.8	3.3
	2022	信息通信	7511.2	住宿餐饮	2576.0	2.9
加拿大	2023	采矿;电力、燃气及水供应	8904.1	农业	3942.6	2.3
	2022	采矿;电力、燃气及水供应	8420.1	农业	3648.3	2.3
英国	2023	采矿业	5221.7	住宿餐饮	1403.0	3.7
	2022	金融保险	4485.4	住宿餐饮	1391.4	3.2
德国	2022	信息通信	6479.1	住宿餐饮	2383.9	2.7
法国	2022	金融保险	6797.5	住宿餐饮	2577.7	2.6

续表

国家	年份	行业工资最高（月）		行业工资最低（月）		行业工资最高/最低（倍）
		行业类别	工资水平	行业类别	工资水平	
意大利	2022	金融保险	4970.2	住宿餐饮	1594.6	3.1
西班牙	2022	金融保险	4405.1	住宿餐饮	1426.7	3.1
挪威	2022	采矿业	82130	住宿餐饮	36260	2.3
芬兰	2022	金融保险	6937.7	住宿餐饮	2951.6	2.4
新西兰	2022	金融保险	9960	住宿餐饮	3310	3.0
新加坡	2021	金融保险	7069	住宿餐饮	2457	2.9
日本	2022	专业、科学与技术	386900	住宿餐饮	257600	1.5
韩国	2022	金融保险	6623000	住宿餐饮	2477000	2.7
越南	2022	信息通信	11262396.9	农业	5049440.3	2.2
俄罗斯	2021	信息通信	105397	教育	39974	2.6
印度	2023	信息通信	43077	农业	8931	4.8
	2022	信息通信	40811.8	其他服务	9227.5	4.4
印度尼西亚	2022	采矿；电力、燃气及水供应	3830233.4	农业	1531773.1	2.5
巴西	2023	金融保险	5910	住宿餐饮	1721.3	3.4
	2022	金融保险	5400.3	住宿餐饮	1564.9	3.5
平均值（2022年算术平均值）						2.9

注：行业工资水平的单位为所在国法定货币；行业类别为国际劳工组织数据库的行业类别英文名称，剔除住户自雇行业（Activities of households as employers）或未分类行业（Not classified），其中越南、巴西剔除域外组织和机构的活动（Activities of extra territorial organizations and bodies）。

数据来源：国际劳工组织官网（https：//rshiny. ilo. org/dataexplorer13/？ lang ＝ en&id ＝ EAR_4MTH_ SEX_ ECO_ CUR_ NB_ A）。

（1）不同国家的行业之间工资水平最高值与最低值之间的差距分布在1.5倍和4.8倍之间，平均值为2.9倍。

2022~2023年，印度行业之间工资水平最高值与最低值之间的差距在20个国家中最大，工资水平最高的信息通信业是工资水平最低的行业（2022年为其他服务业、2023年为农业）的4.4倍、4.8倍。

2022年，印度、巴西、英国、意大利、西班牙、新西兰、丹麦7个国家行业之间工资差距均不低于3倍，其他13个国家行业之间工资差距均低于3倍。

日本行业之间工资水平最高值与最低值之间的差距最小，工资水平最高的专业、科学与技术业为工资水平最低的住宿餐饮业的 1.5 倍。

（2）从上述国家来看，工资水平最高行业主要为具有较明显高技能强度、强工作复杂性特征的金融保险或信息通信业；工资最低行业主要为住宿餐饮业，该行业的技能强度、工作复杂程度相对较低。当前市场经济条件下合理的行业收入差距普遍存在，且通常保持在 3 倍左右。

从现有研究文献来看，与劳动者受教育水平（受教育年限等）、工作经验（行业工作经验或工作时间）等人力资本要素高度相关的高技能强度、强工作复杂性等是行业高工资的主要合理因素。国内学者岳希明和蔡萌研究发现，劳动者受教育年限越长、工作经验越丰富（工作经验越丰富其技能水平越高、业绩贡献越高），劳动者个人的教育投资回报率[①]、工作经验回报率等就相应越高。这些可由受教育水平、工作经验等因素决定的高收入，一般认为是高收入中的合理部分，其他通常认为是高收入中的不合理部分[②]。

三　结论

（1）2022~2023 年，不同国家上市公司高管薪酬水平差距较大，美欧等高管薪酬水平显著较高且高管薪酬与社平工资之间差距较大。高管薪酬与社平工资以及企业员工工资之间的差距、不同行业工资的差距是反映不同群体之间工资收入分配关系合理程度的重要指标。合理调节高管薪酬与社平工资之间的差距，是政府应对市场失灵、促进社会公平正义、推动形成合理有序收入分配格局的重要调控手段。

（2）2022~2023 年，上述国家高管薪酬与社平工资差距以及行业工资差距可作为我国政府调控不合理收入差距的重要依据。本文所选部分国家上

---

①　受教育年限越长，意味着劳动者开始工作时年龄相对较大，其职业生涯中总的工作年限相对较短，因此要求相应的年教育回报率要高于平均水平。

②　岳希明、蔡萌：《垄断行业高收入不合理程度研究》，《中国工业经济》2015 年第 5 期。

市公司具有一定代表性，反映了市场经济条件下不同群体收入分配倍数关系的基本市场规律，可作为政府有关部门调控收入分配的参照。

（3）高技能强度、强工作复杂性等可能是部分行业高工资的主要合理因素，而垄断因素等带来的非劳收益则是行业高工资的主要不合理因素。行业之间合理的收入差距是市场经济的内在要求，但对于部分工资过高行业及企业尤其是非竞争性行业及企业，政府部门有必要进行宏观调控。

附 录

数字产业及数字职业企业
从业人员工资价位（2023年）

表1　数字产业企业从业人员工资价位（2023年）

单位：万元/年

数字产业	分位值			
	25%	50%	75%	90%
数字产品制造业	5.8	7.6	10.6	16.6
数字技术应用业	6.4	10.0	16.5	26.6
数字产品服务业	4.8	6.4	9.8	16.3
数字要素驱动业	5.0	7.4	12.1	20.7

表2　数字职业企业从业人员工资价位（2023年）

单位：万元/年

职业代码	职业名称	分位值			
		25%	50%	75%	90%
2020202	工程测量工程技术人员	5.2	7.1	10.1	15.3
2021003	计算机软件工程技术人员	8.4	13.2	20.7	29.3
2021004	计算机网络工程技术人员	5.8	8.9	13.8	22.0
2021007	信息安全工程技术人员	6.3	8.9	13.5	19.7
2021008	信息系统运行维护工程技术人员	6.2	10.0	15.5	22.8
2021805	工程勘察与岩土工程技术人员	5.5	8.7	13.1	19.2
4010601	电子商务师	4.8	6.5	10.0	18.0
4040201	信息通信网络机务员	5.3	9.0	13.4	17.8

职业代码	职业名称	分位值			
		25%	50%	75%	90%
4040402	网络与信息安全管理员	5.3	8.0	12.0	17.2
4040501	计算机程序设计员	8.0	12.9	21.5	36.6
4040502	计算机软件测试员	7.6	10.7	15.6	21.5
6110103	化工总控工	6.3	7.9	10.3	13.2
6310701	工业机器人系统运维员	5.5	6.9	8.6	9.8

附注：

1. 主要统计指标解释

分位值　是指将数据由低到高排序，在数列中处于相应百分比位置的数据。它表示有相应比例的数据低于或等于该数值。

企业从业人员　是指在本企业工作并取得劳动报酬的人员。

工资价位　是指企业从业人员在报告期内的工资水平，包括基本工资、奖金、津贴和补贴、加班加点工资和特殊情况下支付的工资等。它在一定程度上体现了劳动力市场价格水平。

职业　指从业人员为获取主要生活来源所从事的社会工作类别。

2. 调查方法

调查以全国为总体，以地区和行业为层，采用分层抽样方法抽取样本企业。

3. 分类标准

数字产业分类按照国家统计局发布的标准《数字经济及其核心产业统计分类（2021）》执行。

数字职业按照《中华人民共和国职业分类大典（2022年版）》标注的数字职业界定。

Contents

I General Report

Abstract: Since the 14th Five-Year, China has made steady progress in its income distribution system reform, with a better combination of "an effective market" and "a competent government" in the field of income distribution. Residents' income maintained rapid growth, and the overall income distribution gap has narrowed. However, there are still problems in China's income distribution, such as a decline in the share of labor remuneration, low property income for rural residents, fluctuating and declining growth rates of disposable income for both urban and rural residents, and persistently high income disparities in certain regions. In view of the new stage, it is necessary to incorporate the growth of residents' income into the goals of economic and social development, and continuously raise the proportion of residents' income in the distribution of national income, as well as the share of labor remuneration in the primary distribution. We should take comprehensive measures and make systematic efforts, such as promoting high-quality and full employment, promoting sustained and stable growth in the remuneration of salaried workers, implementing plans to increase the incomes of rural and agricultural populations, increasing household incomes through a variety of channels, accelerating the construction of social security and public medical and healthcare systems, and promoting the sharing of development fruits by disadvantaged groups, so as to further improve the socialist income distribution system with Chinese characteristics.

Keywords: Income Distribution; Wage Income; Primary Distribution; Distribution System Reform

II Policy-oriented Reports

B . 2   Improving the Assessment Mechanism of Minimum

Wage Standard *Jia Donglan* / 019

Abstract: Since 2016, China has gradually established the assessment mechanism of minimum wage standard at both departmental and local levels, fully considering the impact of minimum wage standard adjustments on workers, enterprises, and society, while balancing the interests of all parties. The current assessment mechanism has deficiencies in policy-function positioning, assessment quality and effectiveness, assessor identification and assessing contents, leading to the lack of systematic and standardized assessment system. Therefore, we should enhance the legislative level, clarify the details of minimum wage standard adjustments and assessments; strengthen publicity and guidance, improve local assessment efficiency; promote data exchange and sharing, coordinate data resources from multiple parties; strengthen studies on the gig economy and enhance the effect assessment of the hourly minimum wage standard, aiming at building a more scientific and rational minimum wage standard assessment mechanism to promote the coordinated development of the economy and society and the realization of the common prosperity goal.

Keywords: Minimum Wage Standard; Social Security; Employment and Salary

B.3 Improving the Management of Total Wages in
State-owned Enterprises   *Zhu Huilin*, *Shi Zhenzhen* / 029

Abstract: Improving the management of total wages in state-owned enterprises is crucial for activating internal human capital, enhancing core competitiveness, and strengthening core functions of state-owned enterprises, as well as driving the development of new quality productive forces. This paper focuses on the management of total wages in state-owned enterprises, identifying persistent issues in such areas as linkage between wage and performance, base determination of total wages, categorized and graded management of wages, and supervision of wage distribution. In response to these issues, it proposes policy recommendations aimed at improving the linkage mechanism between wage and performance, establishing an indicator system for the linkage between wage and performance, optimizing the management of separate listing about total wages, and strengthening macro-level guidance and supervision of wage distribution.

Keywords: State-owned Enterprises; Total Wages; Linkage Between Wage and Performance; Wage Distribution

B.4 Tax Policies of Increasing the Share of Labor Remuneration
Zhang Xuesheng, *Yu Hongbin* / 049

Abstract: Based on the goal of common prosperity for all, focusing on specific issues of production tax and personal income tax, this paper analyzes the relationship between tax policies and the share of labor remuneration on the basis of clarifying the conceptual connotation of the share of labor remuneration, according to the idea of "practical investigation—theoretical analysis —empirical verification". It is found that since the 18th CPC National Congress, the share of labor remuneration in China has fluctuated upward, with the highest share recorded in 2020 at 52.7%. Empirical analysis indicates that after controlling for other factors, the reduction in the level of production tax and personal income tax burden both have a positive effect on increasing the share of labor remuneration. Based on this, this paper argues that in order to further increase the share of labor remuneration, the production tax and personal income tax rates should be appropriately lowered, and the synergy of primary distribution and redistribution should be promoted. In addition, the role of the market and the government in income distribution should be brought into full play.

Keywords: Share of Labor Remuneration; Production Tax; Personal Income Tax

B. 5　Study on Several Special Cases of Overtime Pay Disputes

Liang Man / 062

Abstract: Overtime pay is part of labor remuneration and involves the vital interests of workers, such as their rights for rest and economic benefits. It is related to the labor costs and management practices of enterprises and is an important mode of interest distribution between both sides in labor relationships. With the continuous improvement of workers' legal awareness, the number of disputes on overtime pay keeps rising, and the requested amounts are huge. At the same time, due to the different employment patterns in various industries, enterprises' management modes have become more diversified and flexible, leading to new challenges in the adjudication of overtime pay disputes. In view of whether the "gray hours" in traditional industries are identified as working hours, this paper proposes four principles of review: purposiveness, controllability, relevance, and labor intensity. In response to the effectiveness of "agreed working overtime" in special industries, it suggests administrative approval and mutual agreement as the direction of review, as well as a special method of calculating overtime pay as agreed. Regarding the definition of "working overtime online" under the new situation, it suggests confirmation through negotiation between both parties and substantive work, providing recommendations on institutional norms and evidence

retention.

Keywords: Working Overtime; Overtime Pay; Working Hours

III   Regional Reports

B.6   Assessment of Minimum Wage Standard Adjustment in

Jilin Province

Research Group of Chinese Academy of Labour and Social Security / 073

Abstract: This paper analyzes the adjustment of the minimum wage standard in Jilin Province and examines the impact of minimum wage standard adjustment on workers and enterprises based on macroeconomic indicators and targeted survey data from labor-intensive enterprises and their worker, as collated by the trade union sector. Data analysis indicates that minimum wage standard adjustment has effectively driven up wages for workers in labor-intensive industries, and has helped raise the salary level of some workers through a transmission mechanism. Meanwhile, most enterprises pay the wages of part-time workers based on the minimum wage standard. The impact of minimum wage standard adjustment on enterprises' costs is generally controllable. Enterprises are concerned about and recognize the positive effects of the minimum wage standard. From the perspective of regional coordination, Jilin Province still has room for improvement in its minimum wage standard. Furthermore, most workers believe that the minimum wage standard should be adjusted at least once every two years, taking into account the price level, and a majority of them agree that the adjustment range should be between 5% and 10%. Additionally, workers place the highest value on the minimum wage system for ensuring their basic living needs, with a generally low level of satisfaction with the system overall. Therefore, to optimize minimum wage standard adjustment, Jilin Province should strive to the best of its ability and within its means to consider various factors and adjust the minimum wage standard at an appropriate time and in a reasonable manner, actively playing the role of increasing income through the minimum wage system.

Keywords: Jilin Province; Minimum Wage Standard; Worker; Labor-intensive Enterprise

B.7 Employment Structure and Salary Level of Private

Enterprises in Shanghai

Wang Letian, Wang Jiawen, Chen Junyi and Guo Xiuli / 092

Abstract: In recent years, the employment scale of private enterprises in Shanghai has continued to expand, employees' qualifications have improved rapidly, and the quality of employment has been markedly improved. However, compared with state-owned and foreign-owned enterprises, there are still some development bottlenecks such as lower salary levels, difficulties in recruiting and retaining employees and shortage of professionals in private enterprises. In order to help private enterprises better formulate and adjust their salary strategies to attract and retain talents and enhance their competitiveness, Shanghai should optimize the structure and standardize the management, encourage and guide private enterprises to raise their salaries; optimize and create an atmosphere to fully support the high-quality development of private enterprises; optimize services, focus on results and actively help private enterprises recruit employees; encourage school-enterprise cooperation, strengthen training, and constantly improve the employment mechanism of private enterprises; and build brands, improve the image of private enterprises, and continuously help enhance their attractiveness on employment.

Keywords: Private Enterprises; Salary; High-quality Development; Human Resources; Shanghai

B . 8   Analysis on the Affair of Migrant Workers' Wage Payment
Guarantee in Shandong Province

Research Group of Human Resources and Social Security
Department of Shandong Province / 107

Abstract: As a province with a large number of migrant workers, Shandong
Province places a high emphasis on the wage payment guarantee of migrant
workers. By establishing the six major mechanisms including a collaborative
decision-making mechanism, a multi-faceted source governance mechanism, and a
multi-stakeholder governance mechanism with coordination at all levels, positive
results have been achieved in job satisfaction, wage payment and monitoring and
warning platforms. However, with the ever-changing trends of economy and
society , some new situations and issues are emerging in practice, such as the
happens at time of ride-hailing complaints and insufficient deterrence against wage
arrears. Therefore, Shandong Province should formulate implementation
regulations for the *Regulations on Ensuring Payment of Wages to Migrant Workers*,
improve the relevant functions of the national platform for reporting and resolving
wage arrears, revise some provisions of the *Regulations on Labor Security Supervision*,
and strengthen the construction of the labor security supervision team.

Keywords: Migrant Workers; Wage Payment Guarantee; Shandong
Province

Ⅳ   Industry or Group Reports

B . 9   Human Resources Support for Modern
Equipment Manufacturing Sector in Sichuan Province

Tang Qing , *Du Yunhan* / 122

Abstract: Modern equipment manufacturing sector includes industries within
the manufacturing sector that produce necessary technical equipment for various

sectors of the national economy. Based on microscopic data and a brief analysis of the status quo of modern equipment manufacturing sector in Sichuan Province and its human resources allocation and supply, this paper empirically analyzes the human resources support of modern equipment manufacturing sector in Sichuan Province. It finds that the proportion of workers with a bachelor's degree or higher is relatively small, and the workers' skills are insufficient. There are also significant differences and changes in the human resources support capacity of different industries. Meanwhile, 44. 4% of industries have weak salary attraction, and the labor cost is relatively higher in the instrument and equipment manufacturing sector and the metal products, machinery and equipment repair industry. On the whole, the innovation capacity of various industries needs to be improved. Faced with such problems as the urgent need to optimize the total supply and structure of human resources, the weak attraction to high-quality human resources, the obvious shortcomings in talent training, and the shortage of high-level and innovative talents, in order to optimize the human resources support system of modern equipment manufacturing sector in Sichuan Province, this paper proposes to promote the total employment through industrial transformation and development, promote the formation of a modern intelligent manufacturing college talent training system, establish and improve a system for training personnel for socialized equipment manufacturing, and accelerate the improvement of equipment manufacturing talent training and development systems and mechanisms.

Keywords: Modern Equipment Manufacturing Sector; Human Resources; Salary; Sichuan

Abstract: The wage system of China's public institutions has undergone four

reforms. In 2006, the current "job performance-based wage system" was established. Based on the actual situation of the wage system reform in Xinjiang's public institutions, this paper starts from the process of constantly improving the appraisal mechanism of total performance-based wage and argues its necessity, feasibility and rationality by solving various problems encountered in the reform. Focusing on the status quo of the total performance-based wage appraisal, it identifies the problems in the scientific, systematic, and standardized determination mechanism, such as insufficient scientific basis, objectivity, comprehensiveness, and rationality. Furthermore, it offers some policy recommendations, such as correctly understanding the relationship between performance-based wage distribution authority and total performance-based wage appraisal, accurately grasping the scale of total performance-based wage appraisal, and accelerating the establishment of a sector classification system that is consistent with the characteristics of income distribution in public institutions.

Keywords: Public Institutions; Performance-based Wage; Total Wage Appraisal

B.11 Comparative Analysis of Salary Payment Means for New

Gig Workers   *Che Wenkai, Zhan Wang and Li Lin* / 160

Abstract: In recent years, with the birth of various Internet platforms, traditional gig workers are gradually moving from offline to online, forming so-called new gig workers. Based on the classification of the new gig economy by other scholars, this paper selects representatives of typical enterprise platforms, compares and analyzes the salary payment means for new gig workers. The new gig economy is further reclassified according to whether the salary payment is platform-dependent. It argues that the current salary payment method of new gig economy in China has the advantages of open and transparent charging standards and effective prevention of tax evasion. Nevertheless, there are such risks as uneven commission ratios of enterprise platforms, excessive autonomy of rule adjustment, and insufficient security of fund settlement. In this regard, this paper puts forward countermeasures and suggestions such as clarifying the upper limit of platforms' commission ratio, expanding the voice of workers, and defining the division of responsibilities between platforms and the workers, in order to provide a reference for the government to further optimize the salary payment method and protect the legitimate rights and interests of new gig workers.

Keywords: Platform Economy; Flexible Employment; "Internet+"; New Gig Worker; Salary Payment

V International Reports

B.12 International Practices to Reduce Wage Income Disparity

Yang Yanling / 171

Abstract: In recent years, wage income disparity has become increasingly noteworthy. Internationally, inflation and rising living costs have impacted the growth of real wages, and the growth rate of average wage in developed economies consistently is lower than that of labor productivity, as well as the coverage of labor rights for workers in the informal economic sector are limited. These factors contribute to the widening of wage income disparity. In order to narrow the wage income disparity, countries have turned their attention to living wage systems, minimum wage policies, and the distribution of salaries in state-owned enterprises, and have begun exploring new distribution concepts and practical approaches. Specifically, valuable experiences include integrating the living wage concept into the wage determination mechanism, ensuring that wage determination is more closely linked to growth factors, diversifying wage policy, and regulating the salaries of executives in state-owned enterprise in accordance with the law.

Keywords: Wage Disparity; Living Wage; Minimum Wage

薪酬蓝皮书

B. 13   Lessons from the Evolution of Japan's Minimum Wage System

Jia Donglan / 183

Abstract: This paper provides a comprehensive analysis of the evolution of Japan's minimum wage system, current administrative institutions, calculation standards and concepts, scope and effectiveness. And specific adjustment mechanisms is also involved. It analyzes the characteristics of minimum wage standard in Japan, and summarizes the lessons learned from Japan's minimum wage system: firstly, the minimum wage councils set up at different levels effectively balance the interests of multiple parties; secondly, the moderate macro-control by the central government over local mechanisms effectively enhances regional economic coordination; thirdly, the coordinated systemic concept of the institution enhances the integration of income distribution systems.

Keywords: Japan; Minimum Wage; Public Assistance

B. 14   Impact of Labor Value Content Clause for the

Automobile Industry in the USMCA   *Gao Yuru* / 195

Abstract: The United States-Mexico-Canada Agreement (USMCA) includes a new clause of labor value content in the rules of origin for automobiles. The clause sets requirements for the average hourly wage and the proportion of total wage in the manufacturing, R&D and assembly of automobiles, and specifies the labor value content that different types of automobiles must achieve to enjoy preferential tariff treatment. The labor value content clause has promoted the employment of auto workers in North America and changed the distribution of direct investment in the automobile industry, but the average hourly wage of some auto workers in Mexico has not met the requirements of the clause. This clause mainly affects the trade partner structure and overseas investment layout of China's automobile enterprises, and puts forward higher requirements for the legal literacy and standard construction capabilities of Chinese enterprises. This clause may be updated in due to raise the requirements for parts, and may be continued to be applied to other industries or trade agreements.

Keywords: USMCA; Rules of Origin for Automobiles; Labor Value Content

B . 15　Analysis of Executive Compensation of Listed Companies and Social Average Wage in Selected Countries (2022-2023)

Chang Fenglin / 211

Abstract: This paper analyzes the gap between executive compensation of listed companies and social average wages and employee wages, as well as the inter-industry wage gap in selected countries. From 2022 to 2023, the gap between executive compensation of listed companies and social average wages and employee wages remained large and expanded in the United States and the United Kingdom, while it was relatively small in Japan, South Korea, Singapore and other countries. From the perspective of inter-industry wage gap, the average wage gap between different industries in selected countries is about 3 times, maintaining a stable trend.

Keywords: Executive Compensation; Social Average Wage; Inter-industry Wage Gap

皮书

智库成果出版与传播平台

❖ 皮书定义 ❖

皮书是对中国与世界发展状况和热点问题进行年度监测，以专业的角度、专家的视野和实证研究方法，针对某一领域或区域现状与发展态势展开分析和预测，具备前沿性、原创性、实证性、连续性、时效性等特点的公开出版物，由一系列权威研究报告组成。

❖ 皮书作者 ❖

皮书系列报告作者以国内外一流研究机构、知名高校等重点智库的研究人员为主，多为相关领域一流专家学者，他们的观点代表了当下学界对中国与世界的现实和未来最高水平的解读与分析。

❖ 皮书荣誉 ❖

皮书作为中国社会科学院基础理论研究与应用对策研究融合发展的代表性成果，不仅是哲学社会科学工作者服务中国特色社会主义现代化建设的重要成果，更是助力中国特色新型智库建设、构建中国特色哲学社会科学"三大体系"的重要平台。皮书系列先后被列入"十二五""十三五""十四五"时期国家重点出版物出版专项规划项目；自2013年起，重点皮书被列入中国社会科学院国家哲学社会科学创新工程项目。

权威报告·连续出版·独家资源

皮书数据库
ANNUAL REPORT(YEARBOOK)
DATABASE

分析解读当下中国发展变迁的高端智库平台

所获荣誉

- 2022年，入选技术赋能"新闻+"推荐案例
- 2020年，入选全国新闻出版深度融合发展创新案例
- 2019年，入选国家新闻出版署数字出版精品遴选推荐计划
- 2016年，入选"十三五"国家重点电子出版物出版规划骨干工程
- 2013年，荣获"中国出版政府奖·网络出版物奖"提名奖

皮书数据库

"社科数托邦"
微信公众号

成为用户

　　登录网址www.pishu.com.cn访问皮书数据库网站或下载皮书数据库APP，通过手机号码验证或邮箱验证即可成为皮书数据库用户。

用户福利

- 已注册用户购书后可免费获赠100元皮书数据库充值卡。刮开充值卡涂层获取充值密码，登录并进入"会员中心"—"在线充值"—"充值卡充值"，充值成功即可购买和查看数据库内容。
- 用户福利最终解释权归社会科学文献出版社所有。

数据库服务热线：010-59367265
数据库服务QQ：2475522410
数据库服务邮箱：database@ssap.cn
图书销售热线：010-59367070/7028
图书服务QQ：1265056568
图书服务邮箱：duzhe@ssap.cn

社会科学文献出版社 皮书系列
SOCIAL SCIENCES ACADEMIC PRESS (CHINA)

卡号：622377936211
密码：

S 基本子库
SUB DATABASE

中国社会发展数据库（下设 12 个专题子库）

紧扣人口、政治、外交、法律、教育、医疗卫生、资源环境等 12 个社会发展领域的前沿和热点，全面整合专业著作、智库报告、学术资讯、调研数据等类型资源，帮助用户追踪中国社会发展动态、研究社会发展战略与政策、了解社会热点问题、分析社会发展趋势。

中国经济发展数据库（下设 12 专题子库）

内容涵盖宏观经济、产业经济、工业经济、农业经济、财政金融、房地产经济、城市经济、商业贸易等 12 个重点经济领域，为把握经济运行态势、洞察经济发展规律、研判经济发展趋势、进行经济调控决策提供参考和依据。

中国行业发展数据库（下设 17 个专题子库）

以中国国民经济行业分类为依据，覆盖金融业、旅游业、交通运输业、能源矿产业、制造业等 100 多个行业，跟踪分析国民经济相关行业市场运行状况和政策导向，汇集行业发展前沿资讯，为投资、从业及各种经济决策提供理论支撑和实践指导。

中国区域发展数据库（下设 4 个专题子库）

对中国特定区域内的经济、社会、文化等领域现状与发展情况进行深度分析和预测，涉及省级行政区、城市群、城市、农村等不同维度，研究层级至县及县以下行政区，为学者研究地方经济社会宏观态势、经验模式、发展案例提供支撑，为地方政府决策提供参考。

中国文化传媒数据库（下设 18 个专题子库）

内容覆盖文化产业、新闻传播、电影娱乐、文学艺术、群众文化、图书情报等 18 个重点研究领域，聚焦文化传媒领域发展前沿、热点话题、行业实践，服务用户的教学科研、文化投资、企业规划等需要。

世界经济与国际关系数据库（下设 6 个专题子库）

整合世界经济、国际政治、世界文化与科技、全球性问题、国际组织与国际法、区域研究 6 大领域研究成果，对世界经济形势、国际形势进行连续性深度分析，对年度热点问题进行专题解读，为研判全球发展趋势提供事实和数据支持。

法律声明

"皮书系列"（含蓝皮书、绿皮书、黄皮书）之品牌由社会科学文献出版社最早使用并持续至今，现已被中国图书行业所熟知。"皮书系列"的相关商标已在国家商标管理部门商标局注册，包括但不限于 LOGO（▨）、皮书、Pishu、经济蓝皮书、社会蓝皮书等。"皮书系列"图书的注册商标专用权及封面设计、版式设计的著作权均为社会科学文献出版社所有。未经社会科学文献出版社书面授权许可，任何使用与"皮书系列"图书注册商标、封面设计、版式设计相同或者近似的文字、图形或其组合的行为均系侵权行为。

经作者授权，本书的专有出版权及信息网络传播权等为社会科学文献出版社享有。未经社会科学文献出版社书面授权许可，任何就本书内容的复制、发行或以数字形式进行网络传播的行为均系侵权行为。

社会科学文献出版社将通过法律途径追究上述侵权行为的法律责任，维护自身合法权益。

欢迎社会各界人士对侵犯社会科学文献出版社上述权利的侵权行为进行举报。电话：010-59367121，电子邮箱：fawubu@ssap.cn。

社会科学文献出版社